U0004330

RAILWAY MUSEUM

世界鐵道
3
大探索

WORLDWIDE

世 界 的

鐵道博物館

歐美亞澳 68 座鐵道博物館

全紀錄及台灣 12 個潛力點

3

著 蘇昭旭

揭開全球鐵道博物館的國際視野

台灣鐵道從 1887 年迄今，已經有一百多年的歷史，而鐵道博物館就是一個典藏歷史的寶庫。相較於日本、歐洲各國鐵道博物館的蓬勃發展，台灣始終沒有正式的鐵道博物館，令人惋惜。台鐵 1998 年 CK101 蒸汽火車復駛，是具有指標性意義的起點，然而如何妥善規劃現有的鐵道文物收藏，從純粹的懷舊的層次走向教育的層次，終能建立鐵道博物館群，這是台灣鐵道文化保存的重要使命。

二十多年來，我自己親身走訪世界各國的鐵道博物館，進行全球鐵道博物館的調查，對各國鐵道博物館的分類，普遍上的分級有四大類。第一類是國家級鐵道博物館，第二類是交通或科學博物館附設鐵道博物館，第三類是鐵道事業體附設博物館，第四類是地方博物館或保存鐵道組織附設博物館。透過統計分析的學術研究，就每一個博物館進行個案分析，找到了十二項鐵道博物館的統計分析指標，這是一個比較公正客觀，看待博物館的類別，找出差異度的分析指標。

透過這些的統計，分析世界各國的鐵道博物館，再回頭來看台灣的鐵道博物館現況，我有了重大的發現。其實台灣不是沒有鐵道博物館，而是缺乏博物館分級的觀念與統計的知識。若以全球鐵道博物館分類成四類的角度，台灣除了正式的第一類博物館還在籌備中，其他從第二類到第四類的博物館早都已經有。

另外一個重大的發現，台灣不是沒有鐵道博物館，而是不敢使用博物館這個名稱。總以為鐵道文物展示，一定要內容做得非常的完美，博大精深，才叫做鐵道博物館。因此長年以來，台灣鐵道各個事業體在缺乏自信的情況下，出現了許多名稱：鐵道車庫園區、鐵道文化園區、鐵道故事館、鐵道探索館、鐵道文物展示館，就是不敢使用博物館（museum）這個名稱，就怕給人看笑話。實際上就十二項鐵道博物館的統計分析指標，去看世界各國的鐵道博物館，滿分的少之又少，鐵道博物館很少有十全十美的。

還有，台灣過去有很多鐵道博物館，是以鐵道特展型態，去辦鐵道博物館的展覽，內容包羅萬象，十分精采，

例如國立台灣博物館，高雄歷史博物館等等。只是當這個特展結束之後，就完全撤展了。如果把這些資源整理，變成一個常設展，或是一個固定的展示廳的話，今天台灣鐵道博物館的發展歷程，絕對會更快。因此，若能透過全球性的統計，找到宏觀的趨勢脈絡，台灣應該要找回自己鐵道博物館的自信才是。

誠然，這些問題也正是台灣鐵道的癥結所在。過去，台灣鐵道的世界是相當封閉的，對於這些寶貴的資源，沒有被好好珍惜與推廣，礙於現行的封建制度，與官大學問大的倫理，如果沒有國際上的案例與分析，我們無法知道真正的答案。因此，如果能夠有一本工具書，有一套鐵道資料庫，有完整的分類學知識，國際的案例與分析，可以幫助國人打開全球鐵道博物館的視野，可以找到正確的定位，活化被忽略的鐵道文化資產，這將造福多少人群，也是多麼大的功德！

過去二十多年來，我用人生的青春歲月，去世界各地的鐵道考察，我建立一套鐵道資料庫，建立一套鐵道知識「分類學」，如同製作一套字典與百科全書，我把它稱為「鐵道智庫全書」，從1999年到2019年，大部分都已經在人人出版發表完畢。然而，後來因為一些不幸的變故，出版舞台消失。二十多年職業生涯累積的世界鐵道資料庫，還有幾個分類學 database，還沒有發表，世界的蒸汽火車，世界的觀光鐵道，世界的鐵道博物館，世界的火車站，從此這四本胎死腹中，讓我感到十分的沉痛。為了讓這些資料庫，可以繼續造福人群，我就把它轉換成數位資料庫，放在交通科學技術博物館的「線上資料庫」平台分享，透過演講來做推廣。感謝上蒼的眷顧，在一次公益演講的機會，認識讀書共和國木馬文化的編輯，讓累積多年的數位資料庫，得以出版發表造福人群，敝人表達非常的感激。這本書即是這四本鐵道分類學的第三冊，我相信這本書對於建立鐵道的世界觀，開拓全球鐵道博物館的新視野，會有很大的幫助。

2012年，中華民國總統的治國週記，我很榮幸讓馬總統接見與談，我首次向馬總統，提出建置國家鐵道博物館的想法。2022年，十年過去了，我將

親身參訪全球，範圍涵蓋世界五大洲，百餘座鐵道博物館與交通博物館，我將這些資料寫成《世界的鐵道博物館》一書，希望把宏觀的趨勢脈絡帶進來台灣。如今，台灣鐵道第一類博物館已經存在，就是國家鐵道博物館籌備處，我們真心期待它的誕生。其他第二類到第四類博物館，我們把它們結合起來，成為台灣鐵道博物館的潛力點。我想，未來的台灣的國家鐵道博物館，不會是一個點，而是一條線，地不分東西南北，車不分軌距寬窄，營不分公私機構，透過在地的典藏，共通的管理，串連成台灣鐵道的博物館群，這才是台灣鐵道博物館，符合國際潮流的方向。

這本書是一本鐵道學者一生的成果展，如果沒有人生二十多年的累積，就沒有辦法完成的學術研究成果。盼能揭櫫全球鐵道的趨勢脈絡，為國人打開全球鐵道博物館的國際視野。

蘇昭旭

每個人都有一個火車故事，
但火車的世界中，卻只有一個蘇昭旭

繼《世界的蒸汽火車》、《世界的觀光鐵道》出版後，很高興在今年鐵道觀光年繼續將蘇昭旭老師的《世界的鐵道博物館》、《世界的鐵道火車站》出版完成，身為編輯，滿足與喜悅的感受著實滿溢。這不僅是蘇老師多年智慧的集結，同時，在編撰過程中感受到老師嚴謹的分類、比對，能和這樣一位知識豐厚又謙沖內斂，專注行事的專家一起工作，是十分可貴的經驗。因著這個系列的出版，我們知道喜愛鐵道、想要更認識鐵道的大小朋友有福了。

・每個人都有火車記憶・

在編寫過程中，我們聽了許多和火車、鐵道相關的知識和故事，蘇老師不僅僅像是個行走的鐵道圖書館，如能親身聽到他演講，更能知道許多讓人津津樂道的故事和經歷。仔細想想，每個人都有屬於自己的鐵道故事，可能發生在旅途中、可能在通勤的路上、可能在生活的城市、也可能是我們追尋的他方，而透過閱讀與收藏這四本書，定能找到深埋在自身記憶裡的一段故事，也一定能引發我們對鐵道更多的追尋。

在這個系列作初出版時我曾寫道，

我和蘇老師的鐵道緣分起於在台北象山農場的演講。那時演講上，蘇老師娓娓道來每張照片背後的故事，發生在英國、德國、瑞士、挪威、羅馬尼亞、印度、台灣、日本 …… 每張照片都有按下快門的理由，也有追逐火車的專注和驚險，有在火車上、在月台上一個又一個相識不相識的出乎意料，而聆聽演講的大孩子、小孩子，那些熱切關注的雙眼，也都得到蘇老師細心又耐心的回應。演講後我詢問蘇老師，是否有榮幸讓木馬文化能和老師一起，將來自台灣走進世界鐵道的珍貴踏查，留下珍貴的紀錄。隨著《世界的鐵道博物館》、《世界的鐵道火車站》的出版，這些來自世界各地的鐵道知識、文化和故事，都來到我們眼前，就讓我們隨著蘇老師的腳步，邁向世界。

・蘇昭旭的火車知識・

這個系列書的出版，不僅是陪伴和邀請大家進入鐵道的世界，也是可以按圖索驥的知識寶典，就從這本書的扉頁開始，讓我們一步一步豐厚屬於自己的鐵道故事。

—— 木馬文化　陳怡璇

目　　次

第 ① 章

認識鐵道博物館的精采世界　10
INTRODUCTION TO RAILWAY MUSEUM

第 ② 章

歐洲地區國家級鐵道博物館案例　40
NATIONAL MUSEUM CLASS
RAILWAY MUSEUM OF EUROPE

第 ③ 章

歐洲地區科學博物館附設鐵道博物館案例　58
SCIENCE MUSEUM CLASS
RAILWAY MUSEUM OF EUROPE

第 ⑥ 章

第 ⑦ 章

第 ⑧ 章

台灣鐵道博物館的潛力點

216

THE POTENTIAL SITES OF TAIWAN RAILWAY MUSEUM

日本埼玉大宮鐵道博物館利用轉車台，使蒸汽火車鳴笛與旋轉，吸引參觀民眾的目光。許多台灣民眾很喜歡來這裡，那台灣能不能有自己的鐵道博物館呢？

認 識 鐵 道
INTRODUCTION TO RAILWAY MUSEUM
博 物 館 的
精 采 世 界

認識鐵道博物館的
精采世界

台灣的鐵道博物館在哪裡？許多人都說不知道、有人說目前還在籌備中、有人說其實到處都有、有人說單獨的大博物館沒有，小的博物館有很多。其實以上的說法都是對的，台灣並非沒有鐵道博物館，而是從來沒有做過博物館分級，沒有導入企業經營的觀念去維護。

的確，這麼多年來，只要提到鐵道博物館，國人總是到國外去找。本單元是從國際統計的視角、從世界各國博物館分級的角度切入，帶您認識鐵道博物館，以及其中典藏的三大元素：車輛、文物、模型的典藏概念，最重要的是依據章節最後介紹的鐵道博物館十二項

統計分析指標來看，其實世界上完美的鐵道博物館鮮少存在。

看完本章單元再看本書最後一章，您將發現若將全球鐵道博物館分類成四類，台灣除了第一類國家博物館已經在籌備中，其他從第二類到第三類博物館都早已存在，只是我們自己忽略了。過去台灣還有很多以特展型態存在的鐵道博物館，都十分具有特色。讓我們一起揭開鐵道博物館的精采世界。

❶ 國立台灣博物館鐵道部園區，是台灣正式營運的鐵道博物館。

❷ 國立台灣博物館鐵道部園區，2020 年 7 月 6 日正式開幕，文化部李部長親臨致詞。

鐵道博物館的規模與功能——科技實力與文化傳承的整合

鐵道，是人類近代史百年以來的運輸動脈；火車，是今日不分老少的共同記憶。尤其是從前蒸汽火車的時代，響徹雲霄的鳴笛聲、淒嗆的節奏、濃濃的黑煙，凝聚成離鄉遊子的夢影。當蒸汽火車汽笛一鳴，巨輪帶動車廂往前飛奔之際，不但掀起穿越時空與親切鄉愁的記憶，也帶領國家走過戰後「經濟起飛」的年代。

然而，再燦爛的風華也有落幕的時刻。二次大戰結束之後，柴油內燃機車的崛起使得蒸汽火車逐漸卸下光環，電力機車而後挑起大梁，再加上電聯車普及化的便利與高鐵路網的架設，在在讓人重新定義與認識火車。

雖然追求高品質的服務與高科技的速度，是鐵路現代生存經營的不二法門，但若因為追求進步而讓曾經重要的文物盡數流毀失去，只剩不停更迭的新車「驚奇」，將難掩「失根」的遺憾，永遠沒有回首、新舊並存的「溫馨」。因此，該如何揉合科技實力與文化傳承，兼容並蓄，是鐵道發展的重大課題。

· 鐵道博物館的意義 ·

因此，鐵道博物館（Railway Museum）存在的意義，就是要將鐵道文物做系統的整理及保存，就像國家重視自身歷史一樣。鐵道博物館的設立，既不是為了少數人的懷念或追憶，也不是為了滿足鐵道迷，而是在文物保存的制度下，珍視其科技發展的「歷史軌跡」；讓一切重要的努力都能為後人所記憶，在潛移默化間使當下的經營者知其重任，主動延續傳承鐵道文明的歷史責任。

而鐵道文物本身就是歷史軌跡的一部分；既是當代科技文明的「縮影」，也是當地人民生活的「記憶」，不論是有形的鐵道車輛、車站，或是無形的制度，都是鐵道文化的一部分，而這些鐵道文化皆附生於鐵道文物的保存之中。由此可見，鐵道博物館的責

❸ 人類的蒸汽火車帶動交通文明，從誕生迄今有將近兩百年的歷史。

❹ 鐵道博物館存在的意義，就是要將鐵道文物作有系統的整理與保存。

任重大，它開創了國民的大格局與新視野，讓鐵道科技與歷史文明得以世代傳承。

回顧 1829 年，英國首先開啟了蒸汽機車營運的歷史：1857 年隸屬大英博物館體系的倫敦科學博物館便開始收藏鐵道文物，例如 1814 年現存最古老的蒸汽火車。1975 年，英國約克鐵道博物館在約克市成立，一舉成為世界最大、同時也是最經典的鐵道博物館代表作。而且，約克鐵道博物館的後頭還鋪設有通往車站的軌道，只要人類鐵道文明不停進步，就永遠有除役的火車一列列進駐、保存。

1872 年，日本在東亞首開鐵道營運的歷史，1922 年即在東京秋葉原設立鐵道博物館，營運八十四年後，在 2006 年謝幕。接著，位於埼玉縣的大宮鐵道博物館遂在 2007 年成立，直至今日，日本全國已有二十多處的鐵道博物館。

對這兩個東西方鐵道先進國家而言，從該國最初鐵道的出現到鐵道博物館成立，都不超過五十年。簡而言之，就是促進火車的新陳代謝，讓先進的火車進場服務，退役的火車退場安養，成為科技與文化巧妙的平衡。

❶ 鐵道博物館利用露天空間典藏許多老火車，拉脫維亞里加鐵道博物館。

❷ 鐵道博物館利用轉車台陳列老火車，土耳其恰姆勒克蒸汽火車鐵道博物館。

❸ 鐵道博物館利用扇形車庫與轉車台陳列老火車，日本京都鐵道博物館。

❹ 昔日的日本大阪交通科學博物館的扇形車庫模型，將實體世界轉換成微縮世界，這是科學教育的一部分。

·鐵道博物館的規模與功能·

談到鐵道博物館的建置，未必需要特地蓋一棟博物館建築。最簡單的方式是利用現有的鐵道車站或是機務段，只要有維修的建築設施，運用現存的駐車線軌道就可以存放退役的老火車，這是個容量較大、較能收納退役火車的方法。例如前蘇聯的拉脫維亞鐵道歷史博物館，就是利用露天的軌道空間典藏許多老火車。當然，傳統的駐車線對於這些火車未來的維修與調度會比較不利，因為塞了許多火車，自然就會產生排序的問題，但只要利用轉車台與輻射路線來陳列老火車，就能輕鬆解決。像土耳其恰姆勒克蒸汽火車鐵道博物館就是屬於這一類，而且這還是一位私人收藏家的博物館！當然，如果還能再利用扇形車庫（Roundhouse）與轉車台來陳列老火車，那就更好了，不但方便火車調度與維修，旅客也便於參觀，就像日本的京都鐵道博物館。

世界各工業大國，都很重視鐵道博物館的設置規模，尤其是在「科技文明歷史」和「科學教育」這兩

個部分。特別是前者，可用來宣揚國家工業的榮耀，例如英國約克鐵道博物館就展示了世界最快、時速可達 202.8 km/h 的蒸汽火車 A4 Mallard 4468；法國的摩洛斯鐵道博物館則有世界最快、時速高達 331 km/h 的電力機車頭 BB9004，以及 2007 年創下世界高鐵最快試驗速度 574.8 km/h 的 TGV-V150。曾經在日本東京秋葉原的東京交通博物館的大門入口，並列著 D51 蒸汽火車頭和 0 系新幹線，前者是遠東地區製造最多的蒸汽火車，後者是 1964 年全球高速鐵路的開端，都是日本的國家榮耀。

　　再談到鐵道博物館的展示功能，絕不是只有陳設老火車這麼簡單而已！一般的博物館通常都具有記錄歷史、保存文物，以及教育這三個重點，但若博物館純粹只收藏文物，沒有計畫性的展示整理，那與倉庫何異？因此，若能增添歷史的紀錄，將文物有序排列，這樣文物的史蹟性必大幅提升；再者，若是能加強對文物解說的設計，讓民眾更能容易理解，提高教育功能，則文物對社會的貢獻性亦能獲得彰顯。

　　因此，歷史、文物、教育這三項，對博物館缺一

❶ 鐵道博物館有戶外的運轉空間，讓孩童可以觀賞實體火車，日本埼玉大宮鐵道博物館。

❷ 鐵道博物館負有文化傳承的責任，讓國小學童從文物典藏看日本鐵道史，日本埼玉大宮鐵道博物館。

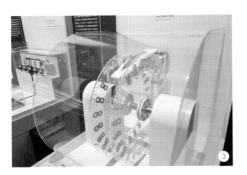

❸ 鐵道博物館肩負科技教育的義務,圖中展示磁浮列車的原理,飛輪若快轉則懸浮,日本名古屋磁浮列車鐵道館

❹ 鐵道博物館是一個國家,科技實力與文化傳承的資源整合,圖為瀋陽鐵道博物館。

❺ 儘管蒸汽火車已經停用,但是鐵道博物館的傳承使命,就是留給下一代完整的火車記憶。

不可,套用在鐵道博物館上,其功能應該需具有「保存鐵道歷史」、「典藏鐵道文物」,以及「推廣科技教育」這三項不可或缺的要素。

・鐵道博物館的教育使命・

因此,鐵道博物館肩負著科技教育的義務。放眼世界各國的鐵道博物館都是向下扎根,設計出許多有趣的設施吸引學童參觀,讓孩子自幼就喜歡上鐵道。例如日本埼玉大宮鐵道博物館就有戶外的運轉空間,不僅能讓孩童觀賞實體火車,還能從文物典藏中了解日本鐵道史。此外,博物館內亦陳設許多機械解剖構造模型,其中不乏真實的電車、集電弓、轉向架、號誌及平交道等設施可實地操作。而日本名古屋磁浮列車鐵道館,則讓孩童操作飛輪,會發現快轉則懸浮,慢轉則落下,讓磁浮列車的原理變得簡單。如此,在長年的薰陶下,這些學童未來有可能成為國家鐵道的頂尖人才,這就是鐵道博物館的教育使命,鐵道博物館在推廣、培育人才上功不可沒!

簡而言之,鐵道博物館是國家科技實力與文化傳承的資源整合。一個匯集各方精華而成的鐵道博物館,對國家的歷史文化及教育各方面的貢獻,不僅舉足輕重,還能讓鐵道博物館成為國家鐵道人才的搖籃,這就是鐵道博物館經營的使命與意義所在。

然而,對於台灣鐵道博物館的建置與鐵道文化保存,至今仍然有很長的路要走。我們的上一代在當年艱困的環境下,無奈讓文物佚失,來不及留下回憶即成追憶;我們這一代要所做的努力,則是留給下一代完整的記憶。對於過去所失去的,我們無法追回,只能善加珍惜現在所擁有的。鐵道博物館能打開大格局與新視野,給我們鐵道科技與歷史文明的深切省思。不論台灣鐵道如何的發展,都不要偏離鐵道本然的價值、意義與莊嚴,以及大格局、大氣度的胸襟與遠見,這也是鐵道博物館的教育意義與目的。

❶ 日本埼玉大宮鐵道博物館，典藏豐富，屬於國家級鐵道博物館。

鐵道博物館的屬性分類與模式——CEEO 的經營觀念

世界上最早的鐵道運輸來自於歐洲，因為鐵道客運十分發達，相對的，鐵道博物館也是最早出現。不僅規模大、種類也繁多，從最大的國家級博物館到最小的地方博物館，應有盡有。不過，因為每一個國家的鐵道環境殊異，擁有資源與法令不同，因此鐵道博物館和一般博物館一樣，需要分類分級，才能妥善運用資源、做好財務規畫，以圖永續經營。針對鐵道博物館的分類，以我自己親身走過世界各國近百座鐵道博物館的調查統計，普遍上的分類有四大類：

· 第一類　國家級鐵道博物館 ·

國家級的鐵道博物館是用來展現國家的鐵道實力，擁有最為華麗的版圖。這類型的博物館，有政府設置的獨立部門，預算由國家編列，也有部分為財團

❷ 第一類國家級鐵道博物館，代表一個國家的門面，展示一個國家的鐵道實力，圖為北京鐵道博物館。

③ 瑞士琉森交通博物館,是屬於第二類交通或
科學博物館所附設鐵道博物館。

④ 瑞士交通博物館,典藏 Crocodile 鱷魚機車,
這是 Gotthard Bahn 所專屬的關節式電力機
車,舉世聞名。

法人所有,後面有龐大的基金贊助支應。但是共通性
是博物館展廳最大,占地廣闊,資源充沛,而且鐵道
展示品的典藏豐富足以代表該國的科技實力與歷史榮
耀,例如英國大英博物館底下的 NRM 約克鐵道博物
館,就是顯著的實例。

• 第二類　交通或科學博物館附設鐵道博物館 •

這類鐵道博物館是附屬在國家級的科學博物館、
交通博物館,或是科技博物館、工業博物館、歷史博
物館之下,但是獨立設置有鐵道的展示廳。例如大英
博物館體系中的倫敦科學博物館即設有鐵道博物館專
區,典藏了最古老的蒸汽火車;還有德國柏林的科技
博物館,本身就是兩座扇形車庫,裡面有豐富火車典
藏。雖然這些博物館的名稱不是鐵道博物館,卻兼顧
展示內容的多元性,讓陸海空交通工具與科技工業齊
聚一堂,不獨厚鐵道一族,以擴大服務客群,在經營
上分散風險,不失為永續經營之道。

• 第三類　鐵道事業體附設博物館 •

第三類鐵道博物館是附屬於鐵道事業體的博物
館。例如政府經營的國鐵部門、國營鐵道公司、財團
法人的鐵道公司、私營企業的
鐵道公司等。基本上這類博物
館,具有企業博物館的特質,
主要的財源為票箱收入,並非
以營利為主,而是帶有政府政
策宣傳、社會公益、科普教育
等目的,多數為免費,或是票
價低廉。主要是讓民眾搭火車
前來時,就順便參觀車站博物
館,例如挪威的佛洛姆登山鐵
道所附設的 Flåmsbana
Museum 博物館。

日本名古屋磁浮列車鐵道館，典藏豐富，
亦屬於國家級鐵道博物館。

此外，這類的博物館有些是現行還在正常運作的機車庫，尤其是扇形車庫與轉車台，最能擄獲旅客的心。一座活的鐵道博物館，每一部都是動態保存的蒸汽機車，真實的運作，就是博物館最好的賣點，例如波蘭的沃爾什滕蒸汽火車與扇形車庫博物館（Bahnbetriebswerk Wolsztyn）就是最好的實例。

• **第四類　地方博物館或保存鐵道組織附設博物館** •

第四類是地方鐵道博物館，許多世界知名的保存鐵道所附屬的鐵道博物館，就是屬於這一類。附屬在保存鐵道的組織，或是私營的地方鐵道，在鐵道的正常運作之外亦設有鐵道博物館。通常這類的博物館會比較小，而且開放時間有限，但展示的內容具獨特性、帶有地方鐵道文化色彩，包含許多窄軌體系的小火車、號誌樓、老車站、舊車庫，甚至在鐵道沿線成立博物館群，典藏若干文物等。例如瑞士阿布拉線鐵道博物館（Bahnmuseum Albula），即是屬於此類。

❶ 蒙古烏蘭巴托的火車博物館，由蒙古鐵路局管理，是屬於第三類鐵道事業體附設博物館。

❷ 這間寫著 Museum 招牌的羅馬尼亞小木屋，就是上維塞烏森林鐵道博物館。屬於第四類保存鐵道組織附設博物館。

基本上這類型都屬於車站博物館，規模小而且免費，旅客的重點在於鐵道的乘車體驗，然而，車站博物館的文物展示，揭露歷史價值，讓乘車體驗加分，呈現該保存鐵道的核心價值。因此，您很容易從網路上查到這些保存鐵道的名稱，卻未必查得到博物館，因為這些博物館就是保存鐵道的一部分。

• **博物館成功經營的關鍵因素** •

如前所述，不是所有鐵道博物館都要做到規模龐大，才算是鐵道博物館，不論是上述哪一類的鐵道博

③ 博物館成功經營的關鍵因素，第一就是收藏有紀念價值的文物吸引民眾參觀。

④ 博物館成功經營的關鍵因素，第二就是展示，讓民眾參觀博物館是一件容易的事情。

⑤ 博物館成功經營的關鍵因素，第三就是教育，讓學子來參觀博物館，透過教育的介面，能夠學到許多課堂上沒有的知識。

⑥ 博物館成功經營的關鍵因素，第四就是營運，收費可以提升展示導覽品質，不收費不導覽變得像鐵道公園，這是一個兩難的問題。

物館，都需要衡量自身的資源做妥善的運用。我想，一座博物館成功經營的關鍵要素，都必須要同時滿足 CEEO 這四個條件，也就是：

- 收藏 Collection——資產清點
- 展示 Exhibition——系統動線
- 教育 Education——流程規畫
- 營運 Operation——財源控管

以台灣目前的鐵道情況來說，第二類至第四類的博物館其實都已經有了，而且各類火車與文物收藏，還有簡單的展示都做得不錯。目前較缺乏的經驗，是教育流程規畫與營運財源控管的問題。這也使得各地區許多規模較小的地方鐵道博物館，為了規避一些法令的地雷，雖然成立了鐵道車庫園區或鐵道文化園區，卻都不敢使用博物館這個名稱，甚至還開放旅客免費參觀完全不收費，這是十分可惜的事。其實，如果我們懂得博物館分級的觀念，添加簡單教育導覽的功能，賦予門票收費與紀念品販賣的權力，讓財務得以健全，促進良性的循環，對於小型博物館的經營，絕對是好事。

此外，台灣目前最大的問題，在於第一類國家級鐵道博物館的組織問題。不論名稱是鐵道博物館或是交通博物館，預算是由國家編列，還是成立財團法人，這些都有待解決。要成立鐵道博物館，除了理想之外，更要落實到政策執行面，政府已經成立跨部會的層級，涵蓋交通部，文化部，教育部等單位，設置國家鐵道博物館籌備處，邀集產官學各界菁英成立委員會，參考美國華盛頓史密森蘇尼博物館組織（Smithsonian Institution）與大英博物館的 NRM，給鐵道博物館獨立的財源與組織，編列預算去執行。否則博物館的經營，還是得仰賴土地租金與商辦開發的收入來開闢財源，這是不能迴避的問題。而第二類至第四類的博物館，可以串連成台灣鐵道博物館群，這些世界鐵道博物館的經驗與格局，很值得我們學習參考。

鐵道博物館與博物館
保存鐵道的差異

　　究竟是要設立鐵道博物館，還是讓博物館保存鐵道？這是英國所提出的文化資產鐵道問題，也是博物館學領域很特別的課題。博物館保存鐵道，其實就是動態的鐵道博物館，兩者雖有差異，卻相輔相成。

　　鐵道博物館（Railway Museum）的內涵如前面所述，不再贅述，而博物館保存鐵道（Museum Railway），字義上來說是將前者的單字次序倒過來，無非就是具有博物館功能的文化資產鐵道，也被稱為 Heritage Railway／Preserved Railway。這個最早由英國所提出的英文專有名詞，中文直接翻譯為「文

❶ 英國約克鐵道博物館，靜態保存 A4 蒸汽機車 4468。
❷ 英國約克鐵道博物館的保存鐵道，A4 蒸汽機車 60009 正冒煙啟動運行。

③ 印尼安巴拉哇鐵道博物館，存有許多蒸汽與柴油機車。

④ 印尼安巴拉哇鐵道博物館的保存鐵道，柴油機車牽引客車實地運行。

⑤ 保存鐵道的內容可參閱筆者的《世界的觀光鐵道》一書。

化資產鐵道」，日文稱之為「保存鐵道」，翻譯自 Preserved Railway，台灣也有學者使用保存鐵道的稱呼。

　　基本上，文化資產鐵道是鐵道界全新的專有名詞，大約在 1950 年代由歐洲的英國首先提出，接著荷蘭、德國、法國、瑞士，以及亞洲的日本都陸續引進這個觀念，甚至成為聯合國教科文組織認定文化資產鐵道的討論主題。簡而言之，「文化資產鐵道」就是以文化資產重生的鐵道。

　　再說得更詳細一點：鐵道（railway transport）原本是交通運輸的一環，但當鐵道逐步失去競爭力，被平行的公路或新運具所取代，這時原有鐵道在沉重的沉沒成本壓力下，幾乎不可能維持營運，甚至面臨廢線，失去運輸的功能。這時若賦予文化資產保存，成為歷史活化的角色，改以動態的博物館方式獲得收益，這樣在成為旅遊景點後，就可以讓鐵道重獲新生。以台灣為例，台糖的舊鐵道、舊山線，以及阿里山森林鐵路即屬之，因為原有運輸功能被鄉鎮道路、

新山線、阿里山公路所取代。雖然它們都合乎其定義，可惜卻未能得到妥善的保存。

　　而博物館保存鐵道的規模可大可小，大到可成立一家私有鐵路公司，包含鐵道博物館，達到企業規模；小到可只保存一個火車站、橋梁、火車等保存項目而已。在國際上，通常會被指定成保存項目約有六大類：古蹟車站、古蹟隧道、古蹟橋梁、古蹟路線、古老的機車和骨董車廂，也就是只要是古蹟，都是保存的重點。當然一些比較細節的部分，如扇形車庫、號誌樓與號誌機也包含在內。

　　總之，博物館保存鐵道就是一個博物館的延伸，一個動態的鐵道博物館，本書後面會有專章介紹（另關於文化資產的介紹請參閱筆者的《世界鐵道大探索2：世界的觀光鐵道》）。

❶ 日本橫川碓冰峠鐵道文化村，靜態保存的D51蒸汽機車。
❷ 日本橫川碓冰峠鐵道文化村的保存鐵道，火車可以真實運行，從文化村一路開到橫川的丸山變電所，步道和鐵道平行並列。

鐵道博物館的典藏三大元素：車輛、文物、模型

❸ 鐵道博物館的三大元素第一是車輛。此為世界最快的蒸汽火車 Mallard，英國約克鐵道博物館。

❹ 鐵道博物館的三大元素第二是文物。此為鐵道上實際使用的部件收集，日本埼玉大宮鐵道博物館。

❺ 鐵道博物館的三大元素第三是模型。此為各式火車模型，甚至車輛的內部解剖模型，印度德里鐵道博物館。

一般來說，世界各國的交通博物館，不可或缺的典藏三大元素，通常是交通工具、歷史文物和交通模型；如果是航空博物館，典藏的三大元素則是飛機、文物和航空模型；如果是海事博物館，則為船舶、文物和船舶模型；至於鐵道博物館所典藏的三大元素，就是鐵道車輛、鐵道文物和鐵道模型這三樣。至於典藏的內容要如何分配與運用，就是博物館經營的學問之所在。

首先，就典藏的鐵道車輛來說，當然是收藏具有歷史價值的退役火車。例如英國約克鐵道博物館，就典藏了世界速度最快的蒸汽火車 Mallard，讓全世界的遊客凡是來到英國，都會來這裡朝聖。然而，由於火車的體積龐大，未必能全都搬入室內，有些只能放在室外，而且退役的火車，多數是不能動的。當然，如果能夠讓退役的火車實體運作是最好的，例如波蘭沃爾什滕的蒸汽火車讓擁有扇形車庫的博物館動起來，呈現動態博物館的狀態，就是最高的境界。

其次，就典藏的鐵道文物來說，鐵道上實際使用的部件收集就是重點：各種號誌、標誌、轉轍器等，涵蓋「運務」、「機務」、「工務」、與「電務」四大塊，這些物件皆具有教育功能。

第三，典藏的鐵道模型收藏，會依照大小不同的

類別，這是很大的領域。一般來說，世界各國的鐵道博物館，需要透過鐵道模型的場景建立火車表演的平台，讓火車歷史得以還原；透過車輛的內部解剖模型，讓火車的構造與原理，變得容易理解。

後面會針對典藏的三大元素，再做深度的探討。

❶ 透過鐵道模型的場景，建立表演的平台，讓火車歷史得以還原。英國約克鐵道博物館。

❷ 透過車輛解剖的演示，讓火車的構造與原理，變得容易理解。法國摩洛斯鐵道博物館。

❸ 讓火車能夠實體運作，呈現活的動態博物館狀態，就是最高的境界。波蘭沃爾什滕蒸汽火車與扇形車庫博物館。

如前面所述，鐵道車輛的典藏是鐵道博物館的三大元素之一。但由於火車的體積龐大，未必能夠搬到室內保存，如何有效典藏、展示，還能發揮教育的功能，這就是鐵道車輛的典藏概念。

依照典藏的成本分級，可以分成以下四類：第一是「**戶外車輛開放展示**」，這是最簡單、最低成本，可以典藏最多車輛的方法。許多鐵道博物館的建置之初，沒有經費興建一棟博物館建築，最簡單的方式就是利用車站的機務段、有維修的建築設施，用現有的駐車線軌道、露天的軌道空間，就可以存放退役的老火車。缺點是火車在風吹日晒下容易壞掉，尤其是蒸汽機車，還有雨水從煙囪灌入損壞鍋爐的問題。因此，為了改善，就有第二「**戶外車輛雨棚展示**」，是在前者的基礎上，加蓋遮雨棚，這樣就能避免車輛日晒雨淋，延長壽命。台灣苗栗的鐵道文物展示館，就有這樣的火車典藏與展示。

❹ 戶外車輛開放展示，這是最簡單、最低成本，可以典藏最多車輛的方法。俄羅斯聖彼得堡鐵道博物館。

❺ 戶外車輛雨棚展示，可避免車輛日晒雨淋，延長火車壽命。日本門司港九州鐵道紀念館。

當然，如果預算足夠，鐵道博物館可以蓋一棟建築體，讓火車遷入室內典藏，這就是第三「**室內車輛靜態展示**」。這樣的典藏方式，不但可以防盜、防噴漆破壞，而且透過良好的溫溼度控制，使得火車的壽命大幅度延長，是長久保存之計。冬天防積雪、夏天有空調，對於教育導覽的動線設計也較為理想。但室內空間終究有限，不見得所有的火車都能夠得到室內典藏這麼好的禮遇，往往得挑選較具有歷史價值的火車。

此外，鐵道博物館的室內典藏，並不單純是陳列而已，還可以加入許多創意，像是解剖車體看構造，維修通道看機構，讓火車成為活教材。例如瑞士交通博物館，將上下縱列四汽缸的 SLM 齒軌蒸汽機車，

❶ 室內車輛靜態展示，是許多鐵道博物館的常見的車輛典藏方式，甚至可以設計許多創意展示，例如法國摩洛斯鐵道博物館將火車放倒，讓民眾可以看見火車底部。

❷ 室內車輛動態展示，在火車底下還設有滾輪，讓蒸汽火車可以原地運轉，觀測其機械結構。英國約克鐵道博物館。

③

進行車輛解剖展示，以展現屬於瑞士所獨有的登山鐵道卓越技術；又例如法國摩洛斯鐵道博物館，是將火車放倒，讓民眾可以看見火車底部；而英國約克鐵道博物館，在火車底下還設有滾輪，讓蒸汽火車可以原地運轉，讓民眾觀測其機械結構。這些都是鐵道博物館火車室內典藏的創意。

最後一種就是博物館設有運行軌道，讓火車可以實地運轉、實際運行給民眾看，這是第四種「**戶外車輛動態展示**」。如果是第一類或是第二類博物館，這樣的運作成本是比較高的，因為鐵道博物館必須設置連絡線才能讓火車開出去。反觀如果是第三類或是第四類博物館，利用原本就在使用的舊車庫、路線，扇形車庫，或者是轉車台，就能讓車輛動態展演，這是車輛典藏與再利用最高的境界。

③ 室內車輛解剖展示，這是瑞士交通博物館，上下縱列四汽缸的齒軌蒸汽機車，屬於瑞士所獨有展現登山鐵道的卓越技術。

④ 博物館設有運行軌道，讓火車可以實地運轉，有轉車台表演更佳。這是戶外車輛動態展示，日本名古屋博物館明治村。

④

鐵道博物館的
文物典藏概念

如前面所述，鐵道文物的典藏是鐵道博物館的三大元素之一。但火車相關的文物很多，如何有效分類、分批建檔，是鐵道文物的典藏概念。然而，需要被典藏的文物剛來時通常很粗糙，必須加以包裝整理後才能展示，發揮教育的功能，看是用於常設展還是特展，這也就是博物館典藏組與展示組的差異。

① 將歷史上的火車銘鈑排成一面牆，讓遊客尋找火車輝煌的記憶。英國約克鐵道博物館。

② 火車的銘鈑典藏，日本磐越物語號與仙后座號。日本埼玉大宮鐵道博物館。

③ 鐵道的車票與 DM 典藏，阿里山鐵路與日本大井川鐵道締結姐妹鐵道。日本靜岡大井川鐵道，千頭蒸汽機車資料館。

基本上，鐵道使用過的物件，就是文物蒐集的重點。以台鐵來說，鐵路的物件涵蓋「運務」、「機務」、「工務」與「電務」四大塊，電務機務包含各種號誌、標誌、轉轍器，火車的銘鈑（Head Mark）等，這些都是鐵道實際運用的物件。英國約克鐵道博物館，將歷史

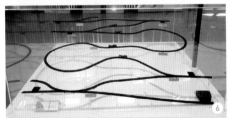

④ 火車消失了，但只要交車的模型還在，歷史就不會被遺忘。英國約克鐵道博物館。

⑤ 軌道實體的部件典藏，如枕木、齒軌、標誌等。日本埼玉大宮鐵道博物館。

⑥ 軌道的線形與技術，透過模型藝術呈現，也是一種重要文物。這是阿里山鐵路的之字形路線，由筆者所製作，收藏於北門車庫園區的動力室。

上的火車銘鈑排成一面牆，讓遊客尋找昔日火車輝煌的記憶，這是屬於機務的文件。此外，重要的歷史文件、摺頁、繪畫、車票、郵票、DM，也需要分類保存，例如日本大井川鐵道的千頭蒸汽機車資料館，就展示著阿里山鐵路與日本大井川鐵道締結姐妹鐵道的車票與 DM，因為這是歷史上重要的一頁，這是屬於運務的文物。

最後，模型也是文物典藏的一部分。歷史上某些火車消失了，但只要當時交車的模型還在，該段歷史就不會被遺忘。由於模型多具有教育的功能，所以一些具備抽象意義的技術、工法、路線，也能透過模型來呈現，例如阿里山鐵路的之字形路線模型，就是工務路線的重要文物。

過去台灣在各大博物館，例如國立台灣博物館，有許多鐵道特展是以文物典藏的概念去策展，雖然不是正式的鐵道博物館，但是這些特展的文物很豐富，卻也已經成為另類的鐵道博物館了。

鐵道博物館的
模型典藏概念

❶ 靜態火車模型的呈現，多數用於經典的火車
站居多，以呈現車站結構之美。俄羅斯莫斯
科鐵道博物館。
❷ 動態火車模型的呈現，搭配 HO 規的模型鐵
路，讓火車可以運行。匈牙利布達佩斯鐵道
博物館。

　　如前面所述，鐵道模型的典藏是鐵道博物館的三
大元素之一。由於火車模型的種類繁多，如何選擇適
合的模型去呈現，表達歷史、地理、科技、建築等，
以發揮教育的功能，這就是火車模型的典藏概念。

　　基本上，最簡單的是第一種
「**靜態火車模型**」的呈現。多用於
經典的火車站建築，以呈現車站
結構之美，例如博物館本身的建
築與相關歷史建物，以及該國城
市重要的古蹟車站歷史建築。然
而，既然是靜態火車模型，當然
也就不可能有動態表演的可能。
於是透過第二種「**動態火車模
型**」的呈現，搭配 N 規、HO 規
的模型鐵路，讓火車可以運行以

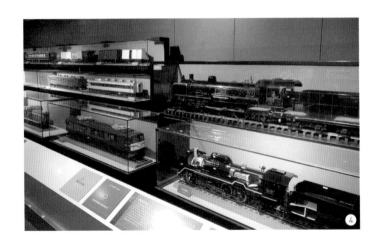

❸ 大型鐵道場景的呈現,透過聲光與背景的控
制,讓火車運行活靈活現。日本埼玉大宮鐵
道博物館。

❹ 大型火車的結構模型,甚至是解剖模型,讓
火車的原理與結構完整呈現。日本大阪交通
科學博物館。

達到教育的功能。至於何謂 N 規、HO 規在此省略,因為模型鐵路本身就可以寫一本書,這是很複雜的學問。

千萬不要小看第一種與第二種鐵道模型的價值,在日本與歐洲的鐵道博物館,不論博物館規模再小,這兩種都是必備的展示設施,如果沒有就不算是鐵道博物館。甚至,光是單純鐵道模型一項,配合大型鐵道場景,透過聲光與背景的控制,讓火車活靈活現的運行,就可以成立一間世界知名的博物館,例如日本橫濱的原鐵道模型博物館、德國微縮景觀世界博物館(Miniatur Wunderland),就是最好的實例。

第三種則是「**大型的火車結構模型**」,甚至是解剖模型,這種模型基本上就是個科學展示精品,讓火車的原理與結構完整呈現。許多火車建造完成在交付

營運時，都會有一組交車的模型，
由廠商贈送給營運單位，就是屬於
此類，多數都會被珍藏起來，甚至
可能該款火車在幾十年後退役了，
但當時的交車模型卻依然健在。

　　最後一種模型是「純藝術作
品」，它可以是陶瓷、金屬工藝、
雷射雕刻、紙模型等，像謝嘉亨老
師的黃金釉燒火車，英國約克鐵道
博物館的 LNER 4472 紙雕火車，
真的很精緻，足可讓一般的鐵道博物館提升到美術館
這個層級。

　　由上可知，模型可以成為歷史道具的一部分，例
如印度德里鐵道博物館就透過模型、蠟像與歷史圖
片，訴說著印度國父甘地與火車的故事，他曾經搭火
車，因為種族歧視被趕下車，種下他決心抗暴追求獨
立之路的種子。

❶ 火車的藝術作品，如這部 LNER 4472 火
　車紙模型，呈現精緻的工藝。英國約克
　鐵道博物館。

❷ 模型可以成為歷史道具的一部分，例如
　印度德里鐵道博物館，透過模型、蠟像
　與歷史圖片，訴說著印度國父甘地與火
　車的故事。

鐵道博物館的統計分析指標

台灣鐵道博物館在哪裡？的確，這麼多年來，國人只要提到鐵道博物館，總是去國外找案例，卻未必能夠找到重點。其實台灣並不是沒有鐵道博物館，而是從來沒有作過博物館分級分類，導入企業經營的觀念去維護罷了。如果以 1999 年苗栗鐵道公園的設置來看，其實台灣早就有基礎的鐵道博物館了。

這世上鮮少有十全十美的鐵道博物館，因此我們以國際統計的視角，利用鐵道博物館的統計分析指標，來看世界各國的鐵道博物館。有趣的是，許多國家不是只有第一類的國家級鐵道博物館，還有許多第二類至第四類的博物館遍布於各地。同理，您將發現台灣其實也早已存在第一類至第四類的博物館。並非只有國家級鐵道博物館，才能稱得上鐵道博物館，鐵道博物館的內容，本身就具有高度的差異度，差別只在第一類至第四類的博物館，越前面的類別資源越多，越後面的類別資源越少，這正是為什麼博物館需要統計分類的原因。

本書將鐵道博物館的十二項統計分析指標，設計了十二個圖標並建立表格如下，套用在本書裡面的每一個國際個案。您將發現其實很少鐵道博物館能十二項分析指標均達成，但可以預見的是，十二項統計分析指標比較高的，會是比較完整的鐵道博物館。當十二項統計分析指標，用於在本書裡面的每一個國際個案之後，再用於檢視台灣的博物館個案時，您將發現台灣的其實沒有比較差，只是這些資源被我們自己忽略了。

• 鐵道博物館的十二項統計分析指標 •

有門票收費管制	有主題館的建築	有歷史文物展示	有科普教育演示
室內鐵道車輛展示	戶外鐵道車輛展示	鐵道車輛動態展演	鐵道車輛實際運行
靜態模型的展示	動態模型的展演	科學與藝術作品	連結博物館鐵道

① 該博物館是否有門票收費等管制？

這是日本大宮鐵道博物館的收費閘口，跟旅客進入火車站搭車的感覺很像。有門票收費的優點是，該博物館財務會比較健全。

② 該博物館是否有室內主題館建築？

這是英國約克鐵道博物館的主題館建築，National Railway Museum 由此進入。有室內主題館比較像是個正式博物館。

③ 該博物館是否設有歷史文物展示？

這是土耳其伊斯坦堡鐵道博物館，展示昔日東方快車的餐具。對於博物館來說，歷史文物的典藏就是核心價值。

④ 該博物館是否設有科普教育演示？

這是日本 JR 東海鐵道博物館，讓學童自己動手實驗，軌道自動置換的操作裝置，達到鐵道科技教育向下紮根的效果。

⑤ 該博物館是否有室內車輛展示區？

這是日本埼玉大宮鐵道博物館，典藏的弁慶號蒸汽機車。室內車輛展示區，可以讓火車免於日晒雨淋。

⑥ 該博物館是否有戶外車輛展示區？

這是印度德里鐵道博物館的戶外車輛展示，偌大的軌道空間可以放置更多的火車。

⑦ 該博物館是否設有車輛動態展演？

這是英國約克鐵道博物館的附屬軌道，讓復刻版的火箭號行駛，搭載遊客運行。

⑧ 該博物館是否設有車輛實際運行？

這是台灣彰化的扇形車庫轉車台，鐵道車輛實際在運行，就是一座活的博物館。

⑨ 該博物館是否設有靜態模型展示？

這是日本埼玉大宮鐵道博物館，所復刻的 C55 流線型蒸汽機關車，與 EF551 流線型電力機關車。

⑩ 該博物館是否設有動態模型展演？

這是國立台灣博物館鐵道部園區，1970～1980 年代的鐵道模型，每個有時刻表定時演出。

⑪ 該博物館是否有科學藝術品展示？

這是日本東京的青梅鐵道公園，利用編織的工藝所創作的蒸汽火車，令人看了嘆為觀止。

⑫ 該博物館是否有連結博物館鐵道？

這是羅馬尼亞上維塞烏森林鐵道，博物館本身最大的賣點，就是這條森林鐵道的親身體驗。

第 2 章

歐 洲 地 區

NATIONAL MUSEUM CLASS RAILWAY
MUSEUM OF EUROPE

國 家 級 鐵 道
博 物 館 案 例

2009 年，當時尚未加蓋的俄羅斯鐵道博物館。高聳如煙囪的是 SS-24 SCALPEL 洲際彈道飛彈。全世界只有這個地方可以靠鐵道運送與發射飛彈，這就是國家級鐵道博物館的榮耀。

歐洲地區
國家級鐵道博物館案例

這個單元要跟各位介紹的是鐵道博物館中級別最高的，也最為豪華的——國家級鐵道博物館。

國家級鐵道博物館是一個國家保存鐵道歷史的重要機構。不過未必每個國家都設有這層級的鐵道博物館，有些國家可能會因為國情，將它安放在國家歷史博物館，或是國家交通博物館底下。不過即使名為交通博物館，主要展示的內容，大多數仍以鐵道為主。

在這個單元中，您將看到每個國家都在這層級的鐵道博物館中彰顯自己的鐵道強項，例如，英國鐵道博物館，表現的是鐵道的「原創者與開拓者」；法國的鐵道博物館，表現的是鐵道的「速度科技的歷史榮耀」；德國的鐵道博物館，表現的是鐵道的「精湛工藝與技術」；匈牙利鐵道博物館，展現的是全歐洲最大的鐵道戶外展區；西班牙鐵道博物館，展現的是 1668mm 寬軌與 Talgo 列車的創意；俄羅斯鐵道博物館，展現的是 1524mm 寬軌與鐵道軍事的傳奇。

主動掌握世界鐵道歷史的論述權，這就是國家級的鐵道博物館的意涵。

❶ 英國約克鐵道博物館，世界最快的 class A4 蒸汽火車七十五週年特展。

❷ 俄羅斯鐵道博物館，展示二戰時期的列車砲，非常的珍貴。

③

<table>
<tr><td>火車軌距</td><td>1435mm</td></tr>
<tr><td>啟用年分</td><td>1975 年</td></tr>
<tr><td>分類屬性</td><td>國家級鐵道博物館</td></tr>
</table>

③ 約克鐵道博物館的中央是一個轉車台，火車羅列於輻射形軌道上。

④ 這是約克鐵道博物館的「軌道」出口，成為歷史的典藏火車從此處進出。

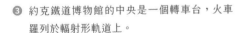

④

英國 約克鐵道博物館

　　英國是世界鐵路的發源地，1804 年理查‧特里維西克（Richark Trevithick），在英國製造出全世界第一台蒸汽動力機車，是鐵道公共運輸歷史的濫觴。

　　1857 年成立的倫敦科學博物館（The Science Museum）裡收藏了不少鐵道文物，後來鐵道相關的蒐藏品不斷增加，英國政府決定另外成立分館，有系統的陳列展覽這些近二百年累積的古物，1975 年約克鐵道博物館於焉成立，是號稱全球第一、規模最大的國家鐵道博物館 NRM（National Railway Museum in York），它的存在為全世界的鐵道博物館建立標竿，有了依循參考的標準。

　　接收不少科博館鐵道文物的約克鐵道博物館就設在約克火車站旁邊，博物館是運用原有的機車庫和檢

車段的修理工廠改建而成。館裡運用舊有的轉車台輻射狀股線，陳列各式車輛，就連中間的轉車台也陳列蒸汽機車，作為科學教育展示。在兩組轉車台集合而成 40 股巨大火車展示場中，地上是整潔乾淨的地板，天空是龐大的棚架建築，有效的利用舊有車站設施和空間，為現有鐵道設施轉型鐵道博物館，建立世界性成功的典範。

約克鐵道博物館除了保存十九世紀的元老級蒸汽火車以外，對於二十世紀柴油化、電氣化機車動力的演進，也別具巧思的依時間序列陳列，宛如走過時光隧道一般，讓旅客對世界的火車進化史一目了然。

這個博物館裡著名的展示車，除了有 1829 年喬治‧史蒂芬生的火箭號（Rocket）復刻版之外，還有英國最有名的機車之一，曾在 1938 年 7 月 3 日，創下時速 202.77 公里世界紀錄的馬拉德號（MALLARD, class A4, No. 4468）。這個紀錄迄今尚未有其他蒸汽

❶ 前方是 1829 年史蒂芬生的火箭號復刻版，後方的 A4 Mallard 是全球蒸汽機車的世界速度紀錄保持者，堪稱鎮館之寶。

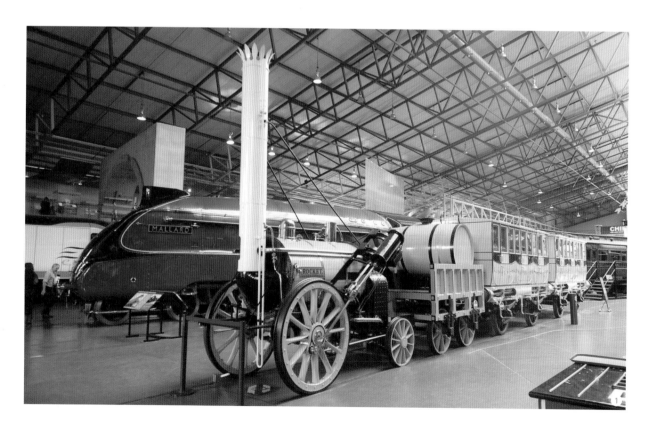

機車可以打破，成為英國工業科技的驕傲典藏。這兩台蒸汽火車，也就成為這個博物館新舊傳承的鎮館之寶。此外，約克鐵道博物館不只是保存英國的火車，連日本新幹線 0 系、中國的前進型蒸汽機車，都送到這裡陳列，這種涵蓋全球、寰宇一家的氣度，正是大英博物館體系的精神。

除了靜態保存火車之外，它還有不定期的蒸汽機車公開動態保存活動，火車就從博物館的「連接軌道」開出去展示。事實上，鐵道博物館與外界的連接軌道是很重要的，因為這是未來新舊交替，許多老火車送來博物館的通路，也是博物館火車可以回到外界復駛的關鍵。在英國這個火車迷眾多的國家裡，偶爾要求館裡的古董火車出去「透透氣」，成了假日例行的「升火」活動。鐵道博物館有鐵道車輛的實際運行，才是一座真正活的博物館。

就十二項統計指標而言，約克鐵道博物館幾乎是滿分，只差沒有收費。因為該博物館屬於大英博物館體系，後面有足夠的財源贊助，不影響其財務健全運作，旅客才能完全免費參觀，實在物超所值！不過，在博物館的入口，旅客排隊進入時，志工還是呼籲大家購買 DM，向大家宣導公益博物館的觀念「有您的捐贈才能讓博物館的經營得到永續。」由於鐵道歷史不停演進，未來將會有更多火車進駐，所以在博物館的內部，還有兩條軌道通往約克車站的調車場，隨著時代更迭推陳出新。不過，由於典藏的火車越來越多，現在約克鐵道博物館又裝不下，只好在希爾登（Shildon）再增加第二個分館。

❷ 1829 年史蒂芬生火箭號的復刻版，在戶外展區動態行駛。

❸ 約克鐵道博物館不只是保存英國的火車而已，連日本的 0 系新幹線，都送到這裡典藏，涵蓋全球寰宇一家的氣度，正是大英博物館體系的精神。

法國 摩洛斯鐵道博物館

火車軌距	1435mm
啟用年分	1971 年
分類屬性	國家級鐵道博物館

許多國家的鐵道博物館會選址於該國鐵道的起緣地，以彰顯其歷史價值。法國第一條鐵路是在 1841 年從史特拉斯堡到摩洛斯，理所當然，法國的國家鐵道博物館（French National Railway Museum / Cite du train），1971 年就在摩洛斯誕生，以紀念法國鐵路誕生 130 週年。

法國摩洛斯鐵道博物館的入口意象是一台昔日運作於巴黎—里昂—馬賽（PLM）不完整的法國蒸汽機車，訴說著歷史的軌跡。建築物方方正正，裡面放著歷史上知名的火車，例如昔日東方快車（Orient Express）的牽引機車 SNCF241A 等。相較於英國約

❶ 法國的蒸汽火車 SNCF241P 型，車輪組態為 4-8-2，軌距為 1435mm。
❷ 法國摩洛斯鐵道博物館的入口意象，是一部 PLM 不完整的法國蒸汽機車。

克鐵道博物館就在火車站旁邊，摩洛斯的鐵道博物館的交通比較不方便，離摩洛斯火車站有段相當的距離，而且輕軌電車並沒有抵達該館，只能搭公車去。

無可諱言的，世界各國的鐵道博物館，通常都會在「科技歷史」和「科學教育」這兩部分格外強調、宣揚國家的榮耀。因此，法國的摩洛斯鐵道博物館特別展示在 1955 年 3 月 29 日，以時速 311 公里榮登當時世界最快的法國電力機車頭 BB9004。此外還有 2007 年 4 月 3 日，在東歐線跑出了時速 574.8 公里新紀錄的 TGV-V150，直逼磁浮列車的世界紀錄 581 公里。

❸ 博物館展示廳裡面的 SNCF BB9004 法國高速電力機車。

❹ 因為二次大戰法國成為德國的占領地，敵後人員必須破壞鐵路讓法國火車翻覆，這是大環境下不得不為的自殘，成為歷史中的一頁感傷。

❺ 2007 年 4 月 3 日，TGV-V150 在東歐線刷新世界紀錄，時速 574.8 公里，為了這項科技的榮耀，特設獨立的特展影音體驗區。

TGV-V150 的這項世界紀錄，至今未被任何輪軌式的火車打破，整個影音過程與相片都完整展示於館內。法國的國家鐵道博物館，一直在傳達法國 TGV 是世界火車速度的締造者，也是法國鐵路永恆的驕傲。

此外，法國的國家鐵道博物館，也有溫情與藝術的一面。例如典藏許多東方快車的車廂與車頭，裡面的裝潢依舊豪華，還有許多假人乘坐其中，因為最早的東方快車，就是從 1883 年巴黎東站開出的。而二次大戰時，法國成為德國的占領地，敵後人員必須破壞鐵路讓法國火車翻覆，這是大環境下不得不為的自殘，所以展覽的現場，陳列了一部翻倒的 SNCF 140 蒸汽機車，還會冒煙與發出爆炸聲，這是在世界各國的鐵道物館中，比較少見的創意陳列方式。

DB MUSEUM, NUREMBERG

德國 紐倫堡交通博物館

火車軌距	1435mm
啟用年分	1899 年
分類屬性	國家級鐵道博物館

　　許多工業科技國家的鐵道博物館設館位置都會選在該國最早的鐵道誕生地附近。而德國第一條鐵路起始於 1835 年，路線是從紐倫堡到福斯之間，因此，德國的國家鐵道博物館就理所當然選址在紐倫堡。

　　1899 年，皇家巴伐利亞鐵道博物館（Royal Bavarian Railway Museum）在紐倫堡成立，也就是後來紐倫堡交通博物館（Verkehrsmuseum Nürnberg）的前身。這不止是德國最早的鐵道博物館，也是歐洲大陸最早的博物館。現在這座博物館基本上是屬於德鐵，所以又稱為紐倫堡德鐵博物館（DB Museum, Nuremberg）。

　　這座博物館雖然後來改名為交通博物館，但主要展示內容還是鐵道，因此它的外觀就如同火車站一般，是座經典的古蹟建築。因為博物館有連接鐵道到紐倫堡車站，所以從 1899 年起至今一百多年，各種

❶ 德國紐倫堡鐵道博物館的外觀，就離德鐵 DB 紐倫堡車站不遠處。

❷ 紐倫堡鐵道博物館的內部，有許多知名的蒸汽機車藏身其中，右前方是知名的巴伐利亞時代 S 2/6。

鐵道的機車、客車與貨車，或是重要的歷史性車種，都可以運送過來陸續保存與陳列。

此外，德國也擁有跟英國一樣輝煌的鐵道速度史，其代表者就是包覆著流線型鋼甲的 BR05 型蒸汽機車，在 1936 年 5 月 11 日創下時速 200.4 公里，是全世界最早達到時速 200 公里的火車。 只是這紀錄不久後，旋即被英國的 Mallard 打破。除了鐵道車輛以外，紐倫堡交通博物館還有各式的鐵路相關文物，如號誌、銘鈑、站牌、海報等應有盡有。知名的巴伐利亞時代傳奇蒸汽機車 S 2/6，更是大家的目光焦點。

德國不論是在大眾捷運、高速鐵路、磁浮列車、各類車輛製造等各方面，都走在世界的科技尖端，包含火車等級分類方式也影響全歐洲，因此，德國紐倫堡鐵道博物館的內部展示，未必都是最舊的火車，也有很多最新的科技，得以窺見德國鐵道發展的科學文明史。它的入口大廳可以見到兩部火車：德國鐵道史上第一部阿德勒蒸汽機車，1835 年製造；另外一部就是 2000 年，德國最新推出的 ICE3，以展現鐵道世代傳承的入口意象。

❸ 這是德國鐵道史上第一部蒸汽機車阿德勒，左側為最新的 ICE3，展現世代傳承。

❹ 德國 BR05 型蒸汽機車曾經是世界最快的火車，1936 年 5 月 11 日，創下 200.4 km/h，是全世界最早達到時速 200 公里的火車。

❺ 紐倫堡交通博物館裡面所典藏的 BR98 蒸汽機車，以解剖的方式，展示其內部構造。

西班牙的蒸汽機車一整排羅列，紅與黑風格，宛若
一整排帥氣的鬥牛士，在鬥牛場上整裝待發。

RAILWAY MUSEUM OF CATALONIA

西班牙
加泰隆尼亞鐵道博物館

火車軌距	1668mm
啟用年分	1990 年 8 月 5 日
分類屬性	國家級鐵道博物館

❶ 泰隆尼亞鐵道博物館,是利用扇形車庫所改建的鐵道博物館。

　　位於西班牙巴塞隆納的加泰隆尼亞鐵道博物館（Railway Museum of Catalonia），其原文為 Museu del Ferrocarril de Catalunya，是利用扇形車庫與轉車台所改建的鐵道博物館，1990 年 8 月 5 日開業。雖然規模龐大、屬性為國家級鐵道博物館，但是因為加泰隆尼亞地區有種族獨立問題，所以該博物館是冠上加泰隆尼亞的名稱而非西班牙，就是因為這個因素。

　　這裡也是全世界少數呈現伊比利寬軌 1668mm 的鐵道博物館。因為少數，所以該博物館特別做出五種軌距展覽：俄羅斯 1520mm、西班牙 1668mm、標準軌 1435mm、米軌 1000mm、輕便鐵道窄軌

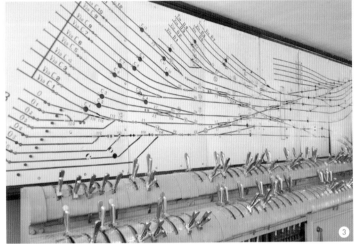

600mm 的劃分。鐵道博物館建築物門口變成隧道口，門口放著 TalgoIII 的火車，底下的鐵道就是 1668mm 的伊比利寬軌。

加泰隆尼亞鐵道博物館典藏各式的鐵路相關文物，如鐵軌、號誌、站牌等應有盡有。比較特別的是昔日的行車控制中心、轉轍器的控制盤與路網地圖，被保留在博物館這裡，還有西班牙特有的 Talgo 系統火車，獨立懸吊的單輪型轉向架，世界獨一無二，最有看頭。

所謂的 Talgo 系統，是在 1950 年代由西班牙國鐵 Renfe 所開發。這種只有車輪，沒有車軸，車廂又輕又短（13 公尺），車廂之間以單輪的框架銜接的火車，因為沒有車軸，所以可以變更軌距，讓西班牙的寬軌火車順利進入到法國的 1435mm 標準軌境

❷ 巴塞隆納加泰隆尼亞鐵道博物館的門口，建築物門口變成隧道口，底下的鐵道是 1668mm 的伊比利寬軌。

❸ 昔日的行車控制中心，轉轍器的控制盤與路網地圖，被保留在博物館這裡。

❹ 博物館保存西班牙特有的單輪火車 Talgo II 車廂，是最像露營休旅車的火車廂。

內，前往瑞士與義大利等歐洲各國。Talgo 系統利用框架上兩顆「空氣彈簧」的伸縮，讓火車過彎時自然地往外甩，產生類似「搖籃」的作用，這種自動傾斜提高過彎的速度，成為西班牙鐵路獨步全球的創舉。

加泰隆尼亞鐵道博物館係利用扇形車庫改建而成的鐵道博物館，所以典藏的蒸汽機車數目非常多，最古老的一台是 1848 年由 MTM 所製造。各類蒸汽機車一整排羅列於車庫旁，圍繞著轉車台，剽悍的紅與黑風格，宛若一整排帥氣的鬥牛士，在鬥牛場上整裝待發，還會不定期發動運轉，非常精采，等同是京都鐵道博物館的西班牙版。

匈牙利
布達佩斯鐵道博物館

火車軌距	1435mm
啟用年分	2000 年
分類屬性	國家級鐵道博物館

位於匈牙利首都布達佩斯的鐵道博物館，是一座利用扇形車庫所改建的鐵道博物館。雖然車庫較小，但因為有很大的戶外空間，占地高達七萬平方公尺，典藏了 100 台火車，號稱是全歐洲最大的戶外開放鐵路展區，所以稱為匈牙利鐵路歷史公園（Hungarian Railway Museum），匈牙利原文為 Magyar Vasúttörténeti Park。

布達佩斯的鐵道博物館，原址為匈牙利國鐵的北方機廠（North Depot），是一座封閉的扇形車庫，1999 年 11 月 22 日匈牙利鐵道博物館的保存基金會成立，2000 年 7 月 14 日正式營運開放參觀。博物館主要是由一座封閉的扇形車庫，以及一座輻射形軌道區和互通的駐車區，結合成偌大的火車展示區，裡面典藏非常多知名的匈牙利火車。

這個鐵道博物館比較特別的典藏，是 1912 ～ 1934 年二戰之前原木色木造車廂的東方快車。在戶外的輻射形軌道區大部分陳列蒸汽機車，除了眾所周知，來自德國 BR52 型，後改名為匈牙利鐵路 MAV 520 型外，比較知名者還有來自美國的 USATC S160 Class 的匈牙利 MÁV 411.118 蒸汽機車，這些都還是少數動態保存可以實地運行的蒸汽機車。

我想，國家級鐵道博物館不僅是許多先進國家的工業實力展示，也是該國交通歷史與科技教育的重要資源。匈牙利鐵道博物館，看似平凡沒什麼特色，但展現的是全歐洲最大的鐵道戶外展區，彌補了主題館較小的不足。因此，鐵道博物館本身就沒有完美，重點是如何找到優點掌握論述權，這就是國家級的鐵道博物館存在的價值。

❶ 布達佩斯鐵道博物館的地圖，一座是封閉的扇形車庫，一座是輻射形軌道區，加上互通的駐車區，兩塊結合成偌大的火車展示區。

❷ 布達佩斯鐵道博物館的模型，傳達這一座博物館的場域，扇形車庫與輻射形軌道區。

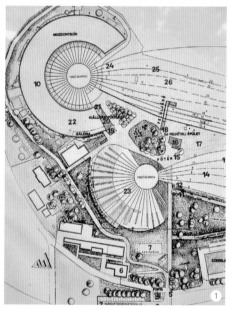

❸ 匈牙利布達佩斯鐵道博物館，是利用扇形車庫所改建的鐵道博物館。

❹ 匈牙利蒸汽機車羅列於開放的轉車台旁邊，與輻射形的軌道駐車區，許多歷史上重要的火車典藏於此。

RUSSIAN RAILWAY MUSEUM, SAINT PETERSBURG
俄羅斯 國家鐵道博物館

火車軌距	1524mm、1520mm
啟用年分	2017 年
分類屬性	國家級鐵道博物館

　　對於長期接受西方美國文化的台灣，不可諱言的，我們對俄羅斯的知識是偏頗的，總以為共產黨世界的科技就是落後，但真相未必如此。透過博物館的新視野，揭開過去鐵幕世界的鐵道神秘面紗，你會發現，位於聖彼得堡的俄羅斯國家鐵道博物館，真的是非看不可！

　　俄羅斯是全世界領土最大的國家，俄羅斯最早的鐵道起源在 1837 年沙皇時期，軌距為寬軌 1524mm[*]，從當時的首都聖彼得堡行駛到普希金市（Puskin）。1851 年聖彼得堡至莫斯科之間 644 公里長的鐵路通車，1862 年延伸到了華沙，與歐洲標準軌的鐵道相連。當年 1858 年建的瓦爾沙夫斯基車站（Varshavsky

❶ 昔日俄羅斯的聖彼得堡鐵道博物館，有著非常開闊的戶外場地，保存各型火車。2017 年以後，這裡加蓋大型建築，已經轉型俄羅斯國家鐵道博物館。

＊ 隨著俄羅斯的鐵路現代化，沙皇時期的鐵軌重軌化，因此 1524mm 的軌條加粗的結果，修正成 1520mm。

② 俄羅斯聖彼得堡鐵道博物館，就在 Varshavsky station 瓦爾沙夫斯基車站的旁邊，2008 年的原本的外觀。

③ 俄羅斯鐵道史上曾經出現最大的列車砲 TM-3-12。

④ 筆者與俄羅斯 M62 柴油機車牽引飛彈發射車 RT-23 UTTH，以及 SS-24 SCALPEL 洲際彈道飛彈合影。

station），俄文也稱為華沙火車站。因為這個歷史典故，理所當然的，俄羅斯國家鐵道博物館設址於此。

過去，這個博物館是管制參觀的祕境之地，是火車的集中場域，有著非常開闊的戶外場地，只給專業人士參觀。直到 2017 年 11 月 1 日，這裡加蓋一間大型建築「聖彼得堡的鐵道博物館」，以俄羅斯國家鐵道博物館（Russian Railway Museum, Saint Petersburg）之名重新開放，先前露天廣場保存的各型火車，因為有了室內建築，而有遮風避雨的展示空間。旅客搭乘聖彼得堡的地下鐵，到 Sennaya Ploschad / Sadovaya 車站，也就是波羅的海火車站（Baltiysky Railway station），就有指標到俄羅斯國家鐵道博物館。

俄羅斯國家鐵道博物館，是全世界少數具有西伯利亞寬軌 1524mm 的鐵道博物館，也是一個匯集前蘇聯時代各方鐵道精華，聚合而成的超級鐵道博物館。這裡面不只是鐵道而已，還有很多軍事的元素，例如俄羅斯鐵道史上曾經出現的列車砲 TM-3-12，以及洲際彈道飛彈發射車 RT-23 UTTH Molodets RT-23 UTTH SS-24 SCALPEL，都可說是鎮館之寶。五動輪的俄製蒸汽機車 class Er，它曾經在 1912 年至 1957 年間製造 11000 部之多，是寬軌鐵道數目最多的火車，還有 TEP80 柴電機車，曾經創下時速 271 公里的世界紀錄，為全球柴油機車速度的世界紀錄保持者。我想，俄羅斯國家鐵道博物館，可以讓我們去理解，在西方國家之外，另外一個鐵幕時代的神祕鐵道世界。

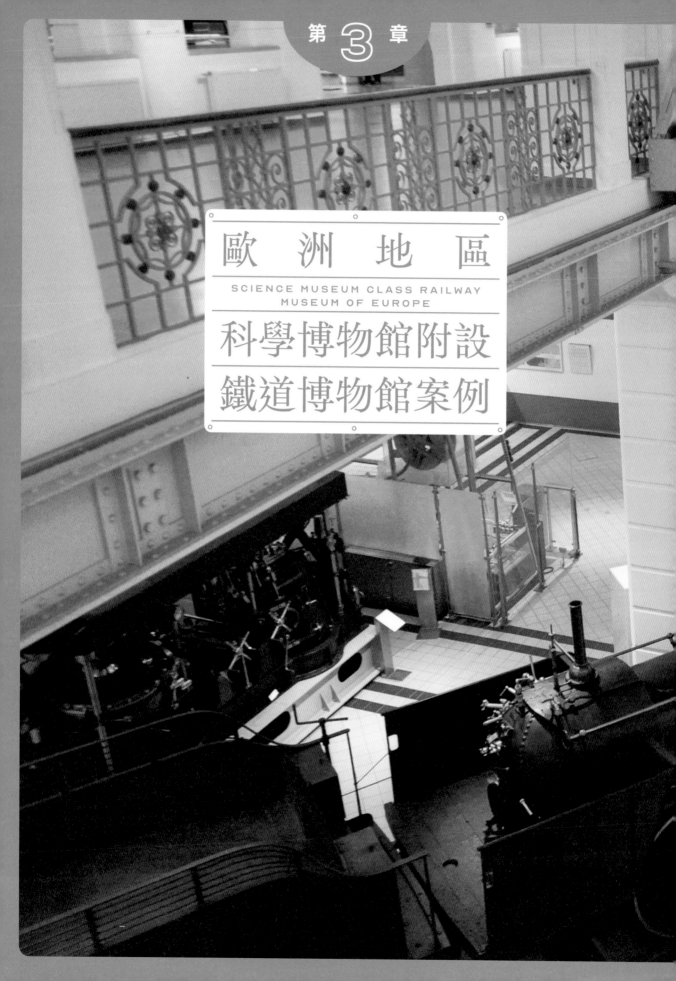

第 3 章

歐 洲 地 區

SCIENCE MUSEUM CLASS RAILWAY
MUSEUM OF EUROPE

科學博物館附設

鐵道博物館案例

奧地利維也納科技博物館的大廳，以蒸汽火車為展示主題，雖然它的名稱不是鐵道博物館，但鐵道的主題依然是重點。

歐洲地區 科學博物館 附設鐵道博物館案例

在這個單元中我們介紹的是第二類鐵道博物館。這類鐵道博物館是附屬於國家級的科學博物館、交通博物館，或是科技博物館、工業博物館。在該博物館之下，獨立設置鐵道的展示廳，例如在大英博物館體系中，倫敦科學博物館即有鐵道博物館專區，還有德國柏林科技博物館，本身就是兩座扇形車庫，裡面有豐富火車典藏，都屬於這一類。

這一類博物館的格局比較大，基本上每一個國家，都藉由這類博物館彰顯該國的人類交通史與科技的地位：倫敦科學博物館，掌握了人類科學史與火車史的話語權，因為世界最古老的蒸汽火車放在這裡；倫敦交通博物館，則是展示世界最初的地下鐵就從這裡開始；德國柏林科技博物館利用雙扇形車庫、德勒斯登交通博物館利用五百年的歷史建物，將鐵道史與交通史緊密結合；瑞士琉森交通博物館，主導了世界登山鐵道史的話語權；奧地利維也納科技博物館、義大利米蘭達文西科技博物館，與土耳其伊斯坦堡工業科技博物館，讓各式各樣的陸海空交通工具，齊聚一堂。

以上實例證明了一個好的交通類與科學類博物館，其影響力不亞於一個純粹的鐵道博物館。雖然它們的名稱不是鐵道博物館，卻兼顧展示內容的多元性，擴大服務客群，不失為永續經營之道。

❶ 倫敦科學博物館展示 1829 年 史蒂芬生火箭號的原始物件。

❷ 瑞士琉森交通博物館的齒軌蒸汽火車解剖，這是人類登山鐵道發展的傳奇傑作。

火車軌距	1435mm
啟用年分	1857 年
分類屬性	交通科學與科技類博物館 附設鐵道博物館

❸ 倫敦科學博物館裡面，各種陸海空交通工具齊聚一堂，內容包羅萬象。

SCIENCE MUSEUM

英國 倫敦科學博物館

　　英國倫敦的科學博物館成立於 1857 年，該博物館原本就隸屬大英博物館體系，入館參觀免費，是倫敦的觀光景點之一。

　　倫敦科學博物館裡面，以自然科學的高度，廣羅人類歷史上重要的科學史蹟文物，內容包含了數學、物理、化學、天文學和地球科學等，在實體物件方面，收集運輸工程、電信工程、船舶工程和機械工程，蒸汽機、內燃機、噴射機引擎，以及各種陸海空交通工具，內容包羅萬象。我想，遊客只要來這裡，真的會把從小到大所學的數學、物理、天文和地理，全部都複習一遍。

　　倫敦科學博物館與鐵道最相關的典藏品，除了詹

姆士‧瓦特發明的蒸汽機之外，1829 年史蒂芬生的火箭號（Stephenson's Rocket），亦是大家的目光焦點。雖然這台火車已經不完整，卻是人類鐵道史的無價之寶（約克 NRM 那台火箭號是復刻版）。還有一台，1814 年的普芬比利（Puffing Billy），被大英博物館鑑定為目前全世界殘存最古老的蒸汽火車，年代比史蒂芬生的火箭號更久遠。

倫敦科學博物館，過去屬於國立科學產業博物館（National Museum of Science and Industry，NMSI）的一員，目前則是科學博物館集團（Science Museum Group）的一部分。該集團旗下博物館包含有約克的鐵道博物館、勒姆郡的希爾登鐵道博物館、倫敦的科學博物館、曼徹斯特的科學產業博物館、國立媒體博物館和斯溫頓的勞頓科學博物館，這裡真是世界級科學博物館的經典殿堂。

❶ 1829 年史蒂芬生的火箭號（Stephenson's Rocket），雖然不完整，卻是人類鐵道史的無價之寶。

❷ 1814 年的普芬比利（Puffing Billy），被鑑定為全世界目前殘存最古老的蒸汽火車，年代比史蒂芬生的火箭號更久遠。

❸ 英國倫敦的科學博物館，其主體建築就十分宏偉。

火車軌距	1435mm
啟用年分	1980 年
分類屬性	交通科學與科技類博物館 附設鐵道博物館

④ 位於倫敦柯芬園的倫敦交通博物館。

⑤ 形形色色倫敦紅色的公車在此地展示,請注意大梁上面還有使用第四軌供電的倫敦地鐵模型定時運行。

英國 倫敦交通博物館

倫敦交通博物館(London Transport Museum,簡稱LTM),這個博物館位於首都倫敦柯芬園(Covent Garden),成立於 1980 年。這個博物館的誕生,背後有一段曲折的故事:在 1920 年代,當時的倫敦公共巴士公司,決定保留若干古老的巴士,為日後建設博物館鋪路。1960 年代,倫敦交通局在倫敦南部的克拉珀姆(Clapham)將停用的巴士車庫改建成為「英國交通博物館(The Museum of British Transport)」,就是這博物館最早的雛型。

1973 年,隨著館藏陸續增加,展示空間不足,只好遷往倫敦的西昂公園,並更名為 The London Transport Collection。最後 1980 年,博物館正式遷至今日柯芬園現址,並定名為「倫敦的交通博物館」,更獲得皇室安妮公主親臨主持開幕典禮。從這個演變,我們

可以知道英國對於都市交通類歷史文物的重視。

　　館藏如其名，是以倫敦的交通工具為主，形形色色的倫敦紅色雙層公車、電車、馬車等皆在此地展示。但是最大的賣點，仍是在 1863 年全世界最古老的地下鐵（Underground），以及倫敦地鐵的歷史文物。在倫敦地下鐵開業之初，當時古老的蒸汽火車還有蒸汽回收裝置，以免在地鐵隧道內煙塵瀰漫。

　　此外，在建築物大梁上面，還有使用第四軌供電的倫敦地下鐵模型定時運行。這個博物館還於 2013 年，舉辦了世界地下鐵倫敦地鐵的一百三十週年紀念展覽呢！

❶ 1863 年的倫敦地鐵開業之初，最古老的蒸汽火車。該蒸汽火車還有蒸汽回收裝置，以避免在地鐵隧道內煙塵瀰漫。

❷ 倫敦地鐵的古老木造客車，其側門寫的是 Metropolitan 都會地鐵，而非傳統的 Underground 地下鐵。

③

火車軌距	1435mm、610mm
啟用年分	1982 年
分類屬性	交通科學與科技類博物館 附設鐵道博物館

③ 德國柏林科技博物館，以兩座古老的扇形車庫為火車展示空間。

德國 柏林科技博物館

世界上利用的扇形車庫作為鐵道博物館的例子，不在少數，但是利用雙扇形車庫（Twin-roundhouse）作為鐵道博物館的例子，就屈指可數了，比較有名的大概就是德國、匈牙利、羅馬尼亞這三個國家。不過，當中能夠做到兩座古老的扇形車庫的建築都完整保留，而且還彼此接通成為鐵道博物館的室內展覽主場館，這樣完善的展覽空間就只有德國的柏林科技博物館（Deutsches Technikmuseum Berlin）做得到了。

德國柏林科技博物館，成立於前東德時代 1982 年，當時以安哈爾特火車站（Anhalter Bahnhof）旁邊兩座古老的扇形車庫為火車展示空間，連通的展示空間，就像眼鏡的構造一樣。扇形車庫裡面放了許多珍貴的老火車，例如世界知名戰功彪炳的德國戰爭型

世界知名戰功彪炳的德國戰爭型蒸汽機車，
BR52 4966-9 放在扇形車庫裡。

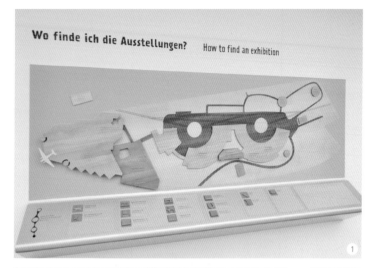

❶ 柏林科技博物館的地圖，左邊是頂樓有飛機
的主館入口，右邊像眼鏡的結構，就是兩座
扇形車庫連通的展示空間。

❷ 柏林科技博物館，琳瑯滿目 1/32 1 gauge
的火車模型，也是德國馬克林 Märlin 鐵道模
型公司最經典的模型系列。

❸ 柏林科技博物館的外觀，博物館的屋頂是一
架 C-47 運輸機，是昔日柏林危機的主角。

蒸汽機車 BR52 型、BR50 型、Prussian Class S 10 等，
並且涵蓋不同的軌距，例如 Garratt 非洲蒸汽機車
NGG 83 號 610mm 軌距。當然，德國最經典的馬克
林模型，1 gauge 的火車模型世界也在其中，種類琳
瑯滿目，這是絕對不會少的。

因為該館是定位在科技交通博物館而非鐵道博物
館，所以裡面的展示不僅有火車，還涵蓋了陸海空三
種交通工具，甚至是戰爭的武器。例如柏林危機的重
點飛機 C-47，就放在博物館入口的建築屋頂。還有
Junkers Ju 52、Arado Ar 79、Focke-Wulf Fw 200、
Messerschmitt Bf 110 等二戰時期德軍戰機的實體，都
可以親眼目睹，真是非常具德國風的博物館。

火車軌距	1435mm、750mm
啟用年分	1952 年
分類屬性	交通科學與科技類博物館 附設鐵道博物館

德國 德勒斯登交通博物館

　　德國的德勒斯登交通博物館，德文為 Verkehrs-museum Dresden，這是昔日東德非常有名的博物館，於 1952 年 5 月 1 日開業，也就是在二次大戰剛結束不久的時候。當時飽受盟軍轟炸滿目瘡痍的德勒斯登市區，建築物都還在重建，這座博物館就已經存在。1956 年，以薩克森州運輸史一百二十週年（120 years of Saxon Transport history）為題，揭開了這座博物館的展覽序幕。

　　更重要的是，該博物館設在約翰諾伊姆（Dresden Johanneum）裡，這是一間於 1586～1590 年間興建的建築古蹟，外觀十分典雅，是德勒斯登最古老的

❹ 德國德勒斯登交通博物館，主題建築是一座歷史古蹟，外觀十分典雅。

博物館建築之一。而交通博物館就在易北河旁邊，旅客從博物館自易北河畔望出，就可以看到德鐵的火車與德勒斯登的輕軌電車一起過橋的場景，十分有趣。

不過，因為是交通博物館，所以裡面的展示必得涵蓋陸海空三種交通工具，只是德國的博物館，火車鐵道一定是重點展示，而且少不了鐵道模型運轉場景。博物館除了保存若干德國標準軌的火車以外，還保存薩克森州特有的 750mm 窄軌 Meyer 蒸汽機車，以 Saxon locomotive, class IV K BR99-535 為代表。這種窄軌蒸汽機車，目前仍在德勒斯登山區運行，因此還可以親眼目睹呢！

❶ 德國薩克森鐵道蒸汽火車 BR99 586，這是很珍貴的複式汽缸 Meyer 蒸汽火車，車軸配置 0-4-4-0，750mm 軌距。

❷ 德國的鐵道博物館一定少不了的鐵道模型運轉場景。

❸ 從博物館這一側的角度，可以看到德鐵的火車與德勒斯登的輕軌電車一起過橋的畫面。

❹ 博物館保存薩克森州特有的 750mm 窄軌 Meyer 蒸汽機車，BR99-535。

火車軌距	1435mm、1000mm
啟用年分	1959 年
分類屬性	交通科學與科技類博物館 附設鐵道博物館

❺ 瑞士琉森交通博物館的外觀，用蒸汽火車的動輪旋轉為意象，招牌是德文 Verkehrshaus der Schweiz，透明的外牆，即使在夜裡仍可見裡面的火車。

SWISS MUSEUM OF TRANSPORTATION

瑞士 琉森交通博物館

　　瑞士的交通博物館位於琉森，成立於 1959 年 7 月 1 日，德文是 Verkehrshaus der Schweiz。博物館裡展示陸海空三種交通工具，戶外還有 Fokker F.VII 民航機。因為離琉森火車站有段距離，不趕時間的旅客，可以沿著湖區慢慢散步到博物館；趕時間的旅客，則可搭乘 S-Bahn 火車到 verkehrshaus 站下車。

　　因為瑞士的登山鐵道非常發達，1912 年通車的少女峰鐵路（Jungfrau bahnen），終點海拔 3454 公尺，為歐洲鐵路最高點，是瑞士鐵道觀光的代表。因此登山鐵道的技術，就是屬於該國的「鐵道科技」特產，尤其是瑞士製造的登山火車 SLM 公司，幾乎占全球齒軌火車 70% 以上的市場，登山火車的科技，也成為該館宣揚的重點。

因此在瑞士的交通博物館內，可以看見 1871 年，不僅是瑞士最早，同時也是歐洲最早的 Rigibahn 蒸汽機車，為保持登山時鍋爐水平，而將鍋爐直立。同時，由於瑞士的齒軌鐵道（Rack Rail）相當多，最知名者如皮拉特斯山鐵道（Pilutas Bahn），坡度高達 480‰，為全球最陡的登山鐵道；所以在琉森的交通博物館，特別展示齒軌登山鐵道的四種型式，以及 SLM 上下縱列四汽缸的齒軌蒸汽機車，都是屬於瑞士的獨有產物。

❶ 關節式電力機車鱷魚 SBB Crocodile，是瑞士交通博物館的鎮館之寶。

2 博物館有 Spiral route 火車模型場景，模擬 Gotthard Bahn 的螺旋路段，讓民眾理解登山火車是如何翻山越嶺。

3 這個博物館門口就有瑞士區間車的火車站，站名就是 Verkehrshaus。

4 1871 年瑞士最早的 Rigibahn 蒸汽機車，為保持登山時水平，鍋爐必須直立。

當然，登山鐵道技術不只在齒軌而已，還有精采的螺旋路線，瑞士鋪設登山鐵路的工法，也堪稱一絕！2008 年瑞士的阿布拉線，還因此登錄世界遺產。此外，琉森交通博物館特別展示 1882 年人類首度貫通阿爾卑斯山的哥達（Gotthard）隧道工程。該館在二樓還製作了精采的火車模型，模擬哥達線（Gotthard Bahn）的螺旋路段（Spiral route），讓民眾看看登山火車是如何翻山越嶺。還有行駛於哥達線，專屬的關節式電力機車鱷魚 SBB Crocodile，這些都是瑞士交通博物館的鎮館之寶。

從一個國家的交通博物館或鐵道博物館，可以看到展現該國工業實力的驕傲，瑞士交通博物館就是最典型的實例。

奧地利 維也納科技博物館

火車軌距	1435mm
啟用年分	1918 年
分類屬性	交通科學與科技類博物館附設鐵道博物館

奧地利維也納的科技博物館（Technisches Museum Wien）成立於 1908 年，1909 年開始建設，1918 年正式開業，屬於維也納的博物館群。大器的招牌、白色的建築，就像歷史博物館一樣雄偉。

這個博物館裡面的展示，有陸海空三種交通工具。鐵道廳展示早期的蒸汽機車、電力機車、客車等，因為認識蒸汽機車的構造，是人類工業文明史重要的一環，該館有實物的解剖說明，對於科技教育極為重要。

比較值得一提的是，早年用於高速船舶使用的複式汽缸，這個博物館也有實物的解剖說明，三個汽缸的直徑不一樣，相同機構也運用於蒸汽機車，這是科技博物館的珍藏所引領的視野。

因為這個博物館屬於科技博物館的緣故，所以展示內容還是以人類工業文明的科技史為主軸，在十二項統計指標，屬於鐵道博物館的車輛與模型展示等項目部分就比較弱，但是科學與藝術作品卻很鮮明，值得一看。

❶ 博物館裡面展示早期的電力機車，馬達直接透過曲軸帶動車輪。

❷ 奧地利維也納的科技博物館，外觀就像歷史博物館一樣雄偉，門口還有大器的招牌。

❸ 蒸汽機車的構造，透過實物的解剖說明，對於科技教育極為重要。

❹ 早年用於高速船舶使用的複式汽缸，三個汽缸的直徑不一樣，這是科技博物館的珍藏。
其運用於蒸汽機車的「複式汽缸」，參閱《世界的蒸汽火車》第 28 頁。

MUSEO NAZIONALE SCIENZA E TECNOLOGIA LEONARDO DA VINCI

義大利 達文西科技博物館

火車軌距	1435mm、1000mm、950mm
啟用年分	1953 年
分類屬性	交通科學與科技類博物館附設鐵道博物館

　　義大利的達文西科技博物館（Museo Nazionale Scienza e Tecnologia Leonardo da Vinci）位於北部大城米蘭，成立於 1953 年，主體建築十分有藝術感。這個博物館的展示重點不是在李奧納多・達文西個人，而是用模型去表現達文西的先進創意，主要還是以義大利工業文明的機械科技為主軸。

　　達文西科技博物館裡面的交通展廳，有為數眾多的 FS 義大利國鐵蒸汽機車，軌距涵蓋標準軌 1435 mm、米軌 1000mm 與義大利特有的窄軌 950mm。還有珍貴的蒸汽的軌道交通車輛（steam tram），存

❶ 義大利米蘭的達文西科技博物館，主體建築十分有藝術感。

❷ 米蘭的都市軌道交通 tramway，透過模型的展示，將歷史的序列完整呈現。

❸ 博物館裡面的交通展廳，有為數眾多的 FS 義大利國鐵蒸汽機車。

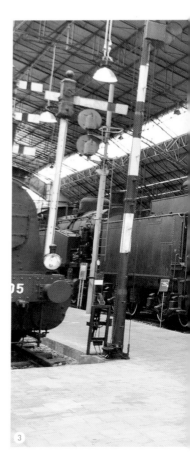

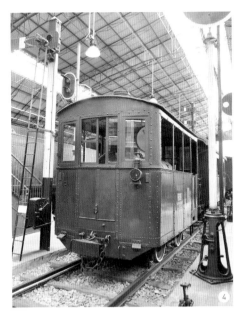

在於十九世紀中葉，後來才被路面電車取代。此外，當地米蘭的都市軌道交通 tramway，動力從獸力演進到蒸汽，再進化成今日的路面電車，透過模型的展示，將歷史序列完整呈現。

這個博物館的交通展示內容非常多，除了汽車與火車之外，還可以看到義大利的螺旋槳飛機、噴射戰鬥機、直升機、飛機引擎，以及一台放在陸地上的 S-506 潛水艇。噴射戰鬥機展示有 F-84 與 F-86，中華民國空軍也是該款戰機的使用大國，因此這是一個科技博物館，還附有交通與軍事博物館的性質，五花八門，琳瑯滿目。

❹ 這是 steam tram 蒸汽的軌道交通車輛，十分珍貴。其特殊性的詳細介紹，參閱《世界的蒸汽火車》第 198-200 頁。

土耳其
伊斯坦堡工業科技博物館

火車軌距	1435mm、600mm
啟用年分	1994 年
分類屬性	交通科學與科技類博物館 附設鐵道博物館

土耳其伊斯坦堡的工業科技博物館 Rahmi M. Koç Museum Istanbul，這個博物館位於首都伊斯坦堡的金角灣，成立於 1994 年 12 月 13 日。博物館門口陳列一架土耳其 F-104 戰機，中華民國空軍同為 F-104 戰機的使用大國，博物館還有一台潛艇 TCG Uluçalireis（S-338），屬於美製 Tench-class，也就是中華民國海軍潛艇的海獅。讓台灣旅客來到這裡，看了倍覺親切！

❶ 在這間四面可以透光的建築體，所有的老火車都集中典藏在裡面。

❷ 土耳其伊斯坦堡的工業科技博物館，博物館門口陳列了一架 F-104 戰機。

這個博物館所有的老火車典藏，古老的 Tramway 與 TCDD 55122 蒸汽機車，包含 600mm 軌距的小火車在內，都集中在一間四面可以透光的建築體裡面。該建築體頂棚是透光的棚架，老火車不怕風吹日晒，也達到開放明亮展示的效果。

不僅如此，這個博物館戶外展區還非常大，可以看到坦克、螺旋槳飛機、噴射戰鬥機、直升機、郵輪、潛水艇、螺旋槳、飛彈、魚雷發射管，各式各樣的陸海空交通工具。因此，這個博物館不只是工業科技博物館，還帶有軍事博物館的性質，甚至有靠岸的潛水艇可以入內參觀，非常值得一看。

③ 這個博物館的戶外展區，有坦克、飛機、郵輪、潛水艇等陸海空交通工具。美製 Tench-class 坦奇級，等同中華民國海軍的海獅潛艇，就在河岸邊。

④ 土耳其的蒸汽機車 TCDD 55122，建築體頂棚是透光的棚架，老火車不怕風吹日晒，也達到開放明亮展示的效果。

因為這個博物館是工業科技博物館的緣故，以陸海空交通工具為主，在十二項統計指標，屬於鐵道博物館的車輛與模型展示等項目就比較弱。不過，博物館的戶外展區，鋪有 600mm 軌距的輕便鐵道小火車，還設有一個 Haskoy 火車站，可以讓旅客親自搭火車遊覽，有鐵道車輛實際運行，為這個博物館加分不少。

第 4 章

拉脫維亞鐵道博物館，屬於拉脫維亞國鐵。
門口這一台蒸汽機車，是二戰德國的 BR52
型，很珍貴的前蘇聯寬軌版，TЭ-036。

歐 洲 地 區

AFFILIATED RAILWAY MUSEUM TO
RAILWAY ENTERPRISE OF EUROPE

鐵道事業體附設
博 物 館 案 例

歐洲地區 鐵道事業體附設博物館案例

❶ 莫斯科鐵道博物館，展示 Kazanskaya 喀山火車站模型。
❷ 羅馬尼亞鐵道博物館，將蒸汽機車零件組合成為教具，是一種科學教育。

在這個單元中，我們將看到第三類鐵道博物館，是附屬於鐵道事業體的博物館，例如政府經營的國鐵部門，國營鐵道公司等，因為帶有政府政策宣傳、社會公益、科普教育的目的，所以多數為免費。

此外，這一類的博物館有很多是還在正常運作的機車庫，屬於活的鐵道博物館，這點是此類博物館最好的賣點。

因此，鐵道公司和國鐵所經營的博物館，如扇形機車庫、火車站等等，只要行銷得宜，不但可以經營得有聲有色，還可以為鐵道事業體的形象加分。

挪威 佛洛姆
登山鐵道博物館

火車軌距	1435mm
啟用年分	1998 年
分類屬性	鐵道事業體附設博物館

❸ 挪威佛洛姆登山鐵道博物館，就在佛洛姆車
站旁邊。

佛洛姆（Flåmsbana）登山鐵道博物館是挪威知名的登山鐵路所設立的博物館，博物館的本身就是火車站，位於佛洛姆港口旁邊。像這種博物館即是火車站的設計，在歐洲很常見，德文甚至為此設置專屬名詞 Bahnh of Museum，翻譯為車站博物館。車站博物館裡介紹該條鐵路的歷史、特色，以及沿途的風光，讓觀光客在參觀完後，會想買各式各樣的鐵路紀念品，以產生業外收入，也就是乘客購買票證之外的第二度消費。

佛洛姆是一條擁有峽灣景色的鐵路，由 NSB 經營。世界上有兩個以峽灣景色知名的國家：北歐的挪威和紐西蘭的南島，前者靠近北極，後者靠近南極，緯度都相當高，才能擁有冰河切割的壯麗峭壁。而在這兩國的峽灣之中，又以挪威的松恩峽灣（Sogne Fjord）、紐西蘭的米佛峽灣（Milford Fjord）最負盛

名。這兩個國家都將峽灣遊船視為觀光的頂級盛宴。

　　遊覽松恩峽灣的套裝行程，是先讓旅客搭乘佛洛姆登山鐵道火車，自海拔最高點 866 公尺的米爾達（Myrdal）出發，順著螺旋隧道下降，中途在瑞那加站（Reinunga）暫停，讓遊客下車去欣賞奇歐斯福森（Kjosfossen）大瀑布。

　　佛洛姆鐵道的火車頭尾兩端，都有電力機車頭以及數組煞車系統，一推一拉中，讓火車以平均時速 20 公里緩慢下降，遊客也能藉此速度從容欣賞無與倫比的峽灣峭壁風景。當火車緩緩停靠在山谷中海拔

❶ 挪威佛洛姆登山鐵道所使用的火車，今日依舊是知名的觀光路線。

❷ 平均坡度 55‰ 的廣告，就出現在這條鐵路的車廂上。

最低點 2 公尺的佛洛姆港口，成群的海鷗、遊輪的汽笛，早已在峽灣渡船口天空向遊客招手。遊客可從此換乘，搭船從奧爾蘭斯峽灣出發遊覽松恩峽灣。

　　由於這條鐵路沒有使用齒軌，卻在短短 20.2 公里之內下降海拔 864 公尺，其中 16 公里的坡度，都維持在 55‰，所以挪威號稱是世界上路線平均坡度最陡的登山鐵道，高達 43.2 ‰。其實登山鐵路普遍都會測量最大坡度，然而平均坡度這個標準卻很少使用，這就是每一個國家在推銷自己的登山鐵路時，會採取的最有利說法。佛洛姆登山鐵道博物館的案例，相對於我們台灣的阿里山鐵路，值得國人深思。

❸ 博物館裡面依照實際車站軌道布置，建置一套火車模型，注意右側貨運月台，有牧羊人正在趕羊上火車。

❹ 博物館裡面保存昔日使用的電力機車，注意右側的木條顯示最大坡度，55‰。

BAVARIAN RAILWAY MUSEUM

德國 巴伐利亞鐵道博物館

德國全國擁有好幾十處鐵道保存設施，民眾對於古老的火車、蒸汽機車動態復駛等始終興致不減，不過像紐倫堡鐵道博物館等大型博物館受限於場地，沒有足夠的空間讓火車可以實體運行。因此德國全國各地，就有很多實體的鐵路火車工廠（locomotive depot），作為鐵道博物館，以滿足民眾的渴望，而巴伐利亞鐵道博物館（Bavarian Railway Museum），實在是典型的實例。

巴伐利亞鐵道博物館就位於諾廷根車站（Nördlingen）旁邊，下車的旅客走過火車站的天橋，就可以看見博物館在車站的對面，這是一座有轉車台、扇形車庫以及豐富火車典藏的鐵道博物館。早在1849年，車站的蒸汽機車與客貨車的維修車庫就出現了，這座扇形車庫的建築也可以追溯到1800年代，最後

火車軌距	1435mm
啟用年分	1985 年
分類屬性	鐵道事業體附設博物館

❶ 巴伐利亞鐵道博物館的扇形車庫，最知名的蒸汽機車 S3/6 型 3673 號。
❷ 轉車台上另一部蒸汽機車 Fussen 2051 號。

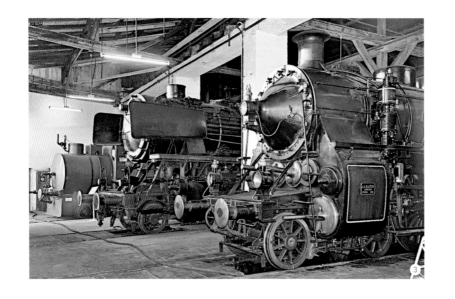

一次擴建是在 1935 ～ 1937 年，當時扇形車庫將軌道延長，並安裝了擴大為 20 公尺直徑的轉車台。

1985 年秋天，巴伐利亞鐵道博物館正式成立，接管這座扇形車庫，重鋪幾條軌道，讓所有的車庫軌道都與轉車台相連，還重新安裝了兩台起重機與添加煤炭設施，讓蒸汽機車可以正常運作。最知名的蒸汽機車，如巴伐利亞鐵道 S3/6 型 3673 號，Fussen 2051 號等皆是動態保存。鐵道博物館的火車表演除了讓蒸汽機車登場，也會使用 V100 型與 V60 型內燃機車，吸引全世界的鐵道愛好者來此呢！

❸ 扇形車庫裡面保存各式蒸汽機車，右前方這一部就是 3673 號。其珍貴性為少數能走的 3-cylinder，參閱《世界的蒸汽火車》第 30-31 頁。

❹ 從諾廷根火車站的天橋，可以看見博物館就在車站的對面。

火車站 ↓　　　　　博物館 ↓

羅馬尼亞
羅馬尼亞鐵道博物館

火車軌距	1435mm、760mm
啟用年分	1939 年
分類屬性	鐵道事業體附設博物館

羅馬尼亞鐵道博物館（Romanian Railway Museum）位於羅馬尼亞首都布加勒斯特北站，這是布加勒斯特最主要的火車站，也是羅馬尼亞最大的火車站。多數從布加勒斯特出發的列車，都是從布加勒斯特北站這裡發車，包含知名的東方快車（Orient Express），從巴黎開往伊斯坦堡，也中途停靠本站。

這個博物館大約在 1939 年前後就已經成立，典藏羅馬尼亞火車的歷史文物。1944 年 4 月，盟軍曾經對布加勒斯特北站進行大規模轟炸，造成一定程度的損傷。二戰之後進行復原，現在布加勒斯特北站共有 8 個月台，是個終端式火車站，羅馬尼亞多數的國際列車在這裡發車，可見這個車站的重要程度，而羅馬尼亞鐵道博物館，就與北站合併在一起。

因為這是一個車站博物館，所以車站建築裡面的空間十分有限，無法典藏大型火車，只能在戶外保存 760mm 窄軌的森林鐵道蒸汽機車，而其他羅馬尼亞國鐵 1435mm 的火車，旅客在月台上就可以看到。相對的，也因為利用車站建築的空間，讓鐵道博物館可以快速發展，不需要另覓他處。而這個博物館最精彩的展覽，就是可以實際運作的 HO 扇

❶ 羅馬尼亞首都布加勒斯特北站，CFR 鐵道博物館的正門口。

❷ 屬於羅馬尼亞國鐵 CFR，收藏許多火車的歷史文物，與火車模型。

③ 博物館裡展示蒸汽機車機械結構的操作模型。

④ 該博物館典藏窄軌的森林鐵道蒸汽機車，
760mm。

⑤ 這個博物館最精采的展覽，就是可以實際運作
的 HO 扇形車庫火車模型。

形車庫火車模型，還有羅馬尼亞國鐵 CFR 許多的火
車模型、火車的歷史文物，以及東方快車的歷史照片
等。從這個案例，我們看到了從古蹟火車站發展成車
站博物館的優勢，值得台灣深思。

第④章　歐洲地區 鐵道事業體附設鐵道博物館案例
Affiliated Railway Museum to Railway Enterprise of Europe｜羅馬尼亞 羅馬尼亞鐵道博物館
Romanian Railway Museum

89

羅馬尼亞 西畢烏
扇形車庫鐵道博物館

火車軌距	1435mm、760mm
啟用年分	1994 年
分類屬性	鐵道事業體附設博物館

　　相較於羅馬尼亞鐵道博物館的空間有限，無法保存大量的歷史火車，位於西畢烏的扇形車庫鐵道博物館（Sibiu Steam Locomotives Museum）就可以補足這個遺憾，典藏大量的蒸汽機車，就像是德國巴伐利亞鐵道博物館的羅馬尼亞版。

　　這座鐵道博物館於 1994 年落成，就位於西畢烏的火車站對面，可免費參觀。但因為車庫區域仍在使用，參觀時請小心。博物館內有著豐富火車典藏，和轉車台、扇形車庫一起實際運作。展出的蒸汽機車，是在 1885 至 1959 年間於羅馬尼亞和其他國家所製造的車輛，包含德國 Henschel & Sohn、Borsig、Schwartzkopff，以及美國 Baldwin Locomotive Works

❶ 該鐵道博物館的正門入口，左側停放一台蒸汽機車。

❷ 羅馬尼亞的 CFR 150.1105，就是二戰時期德國知名的 BR52 型蒸汽機車，也保存於博物館。其精采故事參閱《世界的蒸汽火車》第 224-227 頁。

③ 羅馬尼亞的西畢烏鐵道博物館，是一座實際仍在使用的扇形車庫。
④ 可以提供蒸汽機車用水的水鶴，與地面的檢修道，都還在正常使用。

等知名大廠。例如羅馬尼亞的 CFR 150.1105，就是二戰時期德國知名的 BR52 型蒸汽機車，還一度外銷到中國，成為中國鐵道博物館的典藏品。

西畢烏的扇形車庫鐵道博物館，目前典藏了 23 台 1435mm 標準軌距機車、10 台 760mm 窄軌機車、3 台除雪車，和 2 台蒸汽起重機。這些蒸汽機車中有 7 輛是現役火車，所以可以行駛。不過平時不會發動，只用於鐵路愛好者和其他團體包車，才會從博物館開出去。從德國巴伐利亞與羅馬尼亞鐵道博物館這兩個實例，可以明白台灣的彰化扇形車庫，只要妥善運用，絕對有成為世界知名鐵道博物館的潛力。

第 ④ 章　歐洲地區 鐵道事業體附設鐵道博物館案例
Affiliated Railway Museum to Railway Enterprise of Europe　羅馬尼亞 西畢烏扇形車庫鐵道博物館
Sibiu Steam Locomotives Museum

91

TIMIŞOARA STEAM LOCOMOTIVE MUSEUM

羅馬尼亞 蒂米什瓦拉
雙扇形車庫

火車軌距	1435mm、1067mm
啟用年分	1974 年
分類屬性	鐵道事業體附設博物館

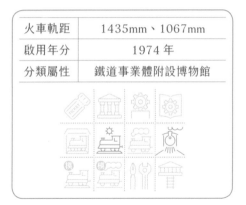

　　羅馬尼亞的蒂米什瓦拉（Timişoara）是世界知名的城市，1989 年 12 月爆發鐵幕內流血革命成功，推翻共黨政權，後來影響到其他東歐各國，造成鐵幕解體：1991 年東西兩德統一，華沙公約組織從此消失。蒂米什瓦拉的地理位置，靠近前南斯拉夫的塞爾維亞，從十九世紀起就是國際交通的重要城市，蒂米什瓦拉北站在 1897 年開業，1905 年知名的東方快車開始停靠本站，到 1914 年一次大戰時，雙扇形車庫就已經略具雛

③

① 這是從天橋上看左邊的扇形車庫與火車。
② 這個博物館場域入口就是一座天橋，前面是二戰時期德國知名的 BR52 型蒸汽機車，變成羅馬尼亞的 CFR 150.1100 型重油改造版。
③ 這是從天橋上看右邊的扇形車庫與火車。
④ 雙扇形車庫鐵道博物館在世界上是極端少見，這是 Google map 看見的全景，右側那個雙扇形車庫有部分毀損而重建。

形，以應付羅馬尼亞邊境出入需要的大量蒸汽火車。

不過，歷經 1939～1945 年二次大戰的盟軍轟炸，當年的古蹟車站建築被毀，雙扇形車庫也受損嚴重。二戰之後，蒂米什瓦拉北站 1976 年開始重建，1974 年鐵路電氣化完成，雙扇形車庫也恢復運作，不過有部分結構還是簡易修復的鐵皮屋。如今這裡並未成立正式的鐵道博物館，而是將這個歷史建築保留下來，成為世界稀有的「**雙扇形車庫和雙轉車台**」場所，火車還是正常的出入運作，吸引全球鐵道愛好者搭火車前來參觀。

今日羅馬尼亞國鐵設計一座天橋，剛好穿過雙扇形車庫中間，讓旅客可以從天橋上看清楚扇形車庫與轉車台，相信未來這裡會是一個重要的博物館場域。

波蘭 沃爾什滕蒸汽火車與扇形車庫博物館

火車軌距	1435mm
啟用年分	1993 年
分類屬性	鐵道事業體附設博物館

西元 1919 年一次大戰結束之後，凡爾賽合約讓歐洲領土重新劃分，原本波蘭的東邊歸屬蘇聯，同時切割原本德國東部的領土作為補償。波蘭得到新國土，也就是切割原本普魯士東部的領土——波森作為補償，波蘭將波森改名為波茲南。因此如今波蘭的波茲南到沃爾什滕是當年德國的領土，這段路的鐵道是 1886 年由德國普魯士國鐵所建造。

1908 年沃爾什滕的火車基地，轉車台與扇形車庫開始增建，從 4 個股道擴增至 8 個股道。如今在波蘭國鐵 PKP 妥善利用下，波茲南到沃爾什滕間仍有蒸汽火車行駛，成為歐洲最後的蒸汽火車之旅。

今日沃爾什滕的火車基地，一部分行政大樓已被

❶ 沃爾什滕蒸汽火車博物館，本身就是一座扇形車庫。

❷ 波蘭的蒸汽機車 Ty1-76 與 OL49-7，正在
添加煤水整備作業中。

❸ 這裡的每一部火車，都是動態保存的蒸汽機
車，一座活的鐵道博物館，就是博物館最好
的賣點。

改建為鐵道博物館的露天鐵道，展出各種鐵路車輛、
蒸汽起重機與蒸汽機車，而蒸汽機車的運行，由 Wol-
sztyn Experience 公司來經營，這就是沃爾什滕蒸汽
火車博物館（波蘭語 Bahnbetriebswerk Wolsztyn）的
由來。而且從 1993 年以來，每年都會舉行一次蒸汽
機車大遊行，匯集來自歐洲各地的蒸汽機車愛好者共
襄盛舉，被稱為歐洲一年一度的蒸汽火車嘉年華，更
是波蘭國鐵每年重要的觀光盛事。

從這些扇形車庫的實例當中，
我們發現蒸汽火車真實的運行，最
能擄獲大家的心。其實，鐵道博物
館未必需要另建雄偉的建築，只要
讓扇形車庫的火車正常運作，就是
一座好的、活的鐵道博物館；每一
部展示的火車都是動態保存的蒸汽
機車，讓它們真實的吞雲吐霧，讓
原汁原味重現，就是鐵道博物館最
好的賣點。

每年在沃爾什滕這裡都會舉行蒸汽火車嘉年華，
這一排蒸汽機車會列隊通過，非常壯觀！

第 ④ 章　歐洲地區 鐵道事業體附設鐵道博物館案例
Affiliated Railway Museum to Railway Enterprise of Europe　｜　波蘭 沃爾什滕蒸汽火車與扇形車庫博物館
Bahnbetriebswerk Wolsztyn

RAILWAY MUSEUM OF ATHENS

希臘 雅典鐵道博物館

火車軌距	1435mm、1000mm 750mm、600mm
啟用年分	1978 年
分類屬性	鐵道事業體附設博物館

　　希臘雅典的鐵道博物館（Railway Museum of Athens），設置於 1978 年。當時這個博物館主要是 OSE 希臘國鐵，用來典藏一些古老的蒸汽機車與車廂，博物館的房屋不大。然而，由於希臘特殊的地理環境，使得這個國家有 4 種火車軌距：1435mm、1000mm、750mm、600mm，正因為如此，雅典的鐵道博物館中，蒸汽機車的典藏變得很有看頭。

　　鐵道博物館裡除了歐洲主要的 1435mm 標準軌距之外，還典藏了 1000mm 米軌的蒸汽機車，有 Krauss 0-4-0T # 4, Tiryns（1884），Couillet 0-6-0T A-5, Messolongion（1888），Couillet 2-6-0T Γ-211（1890），2-6-0 Z-7505 of SPAP,（1890），B 151 2-4-0（1912）。其中德國 Krauss 製 0-4-0T Tiryns 這一台蒸汽火車，還是台灣騰雲號 1887 年相同結構的姐妹車。

❶ 雅典鐵道博物館裡面保存的 1435mm 標準軌蒸汽機車。

❷ 希臘雅典鐵道博物館的建築，小巧雅緻。

③

③ Diakofto Kalavrita railway，登山專用齒軌的
蒸汽機車，750mm軌距，堪稱是鎮館之寶。
④ 博物館裡面保存軌距最小的蒸汽機車。An
0-2-0T 600mm 軌距。

④

此外，雅典鐵道博物館珍藏最珍貴的蒸汽機車，
應屬 750mm 軌距，Diakofto Kalavrita Railway，Cail
0-6-2RT（1899）這一台。因為這是齒軌型蒸汽機車，
而 750mm 軌距是全世界齒軌鐵道最小的極限。另外
還有工業用鐵道 industrial railway，An 0-2-0T Jung
（1927），An 0-2-0T Orenstein & Koppel
（1904），Andiesel locomotive Klöckner-
Hum-boldt-Deutz AG（1957），都是
600mm 軌距火車。

　　總之，雅典的鐵道博物館也是屬於
國家鐵道博物館的等級，不過因為是由
國鐵經營，且展示規模較小，只有保存
車輛，故歸類在鐵道事業體附設博物
館，因而列於本章節。

俄羅斯 莫斯科鐵道博物館

火車軌距	1520mm
啟用年分	2012 年
分類屬性	鐵道事業體附設博物館

❶ 俄羅斯莫斯科鐵道博物館的外觀，上面的紅色字是俄羅斯國鐵 RZD 的俄文。

❷ 前蘇聯 SSSR 的鐵道裝甲兵團之旗，其中紅星之內還有火車，下面是鐵道裝甲兵的火車模型。在電影《齊瓦哥醫生》裡面，有著十分重要的劇情分量。

莫斯科鐵道博物館（Museum of the Moscow Railway）就坐落在巴維列茨（Paveletskaya）火車站旁。該館裡面典藏 U-127 蒸汽機車，是列寧的靈柩列車，也是最早被典藏的火車，禁止一般人接近。1990 年代蘇聯解體，該館被某個展覽館收購，近二十年沒有對外開放，2011 年重新開放，但僅限於私人訪客預約；直到 2012 年 1 月，重新以莫斯科鐵道博物館之名，對一般民眾開放。

這個博物館除了室內典藏 U-127 蒸汽機車之外，還有為數可觀的鐵道文物，十分珍貴的火車模型，以及從莫斯科通車到聖彼得堡，Velaro RUS 俄羅斯高鐵的模型。那些前蘇聯 SSSR（英文 CCCP）時代的神祕鐵道故事，包含前蘇聯的「鐵道裝甲兵團」，西伯利亞的鐵路等，可以透過歷史照片一窺究

③

③ 這部 U-127 蒸汽機車，是牽引列寧靈柩專屬的列車，為該博物館的鎮館之寶。

④ 俄羅斯高鐵的模型，上面的紅色字是聖彼得堡的俄文，俄羅斯高鐵從莫斯科通車到聖彼得堡。

竟。前蘇聯火車的軌距是西伯利亞寬軌 1524mm，後來重軌化修正為 1520mm。因此，這裡也是世界上少數寬軌 1520mm 的鐵道博物館。

特別一提的是，這間莫斯科鐵道博物館，位階是屬於國家鐵道博物館的等級，但是其展覽規模，較聖彼得堡俄羅斯鐵道博物館為小，也是由國鐵經營，可以歸類在鐵道事業體附設博物館，因而列於本章節。至於俄羅斯鐵道博物館，則列於國家級鐵道博物館章節。

④

第④章 歐洲地區 鐵道事業體附設鐵道博物館案例
Affiliated Railway Museum to Railway Enterprise of Europe | 俄羅斯 莫斯科鐵道博物館
Museum of the Moscow Railway | 101

拉脫維亞
拉脫維亞鐵道歷史博物館

火車軌距	1520mm
啟用年分	1994 年
分類屬性	鐵道事業體附設博物館

　　拉脫維亞鐵道歷史博物館，是昔日拉脫維亞舉辦展覽時設立的鐵道博物館，成立於 1994 年 8 月 30 日，當時是前蘇聯解體，波羅的海三小國獨立的年代。該博物館致力於呈現拉脫維亞的鐵道歷史及其發展，故名為 Latvian Railway History Museum。

　　該博物館收藏了波羅的海地區，數目最多的 1520mm 寬軌車輛，放置於戶外露天的鐵道展覽區 Open-Air Exposition。入館的門口則放著很珍貴，二戰德國 BR52 型的前蘇聯寬軌版火車，訴說著 1942 年德國納粹鐵蹄的侵略，火車從德國的標準軌，修正成前蘇聯時期的寬軌，以利運送軍車與步兵，進攻波羅的海三小國，打到列寧格勒的故事。

　　博物館的主場館，則陳列著波羅的海三小國鐵道相關文物、火車模型和歷史照片等。很多今日已經停用的寬軌版電力機車、柴油機車、吊車，火車等造型不一、顏色繽紛的車輛，都可以在這裡看到。

　　拉脫維亞鐵道歷史博物館的建置，對拉脫維亞而言，是屬於國家鐵道博物館的規模，不過與鄰近的俄羅斯相比，展覽規模實在比較小。因為本鐵道博物館亦由該國國鐵經營，也可以歸類在鐵道事業體附設博物館，因而列於本章節。

❶ 拉脫維亞里加的鐵道博物館的建築外觀，左上角的紅色字，就是拉脫維亞國鐵 LDZ 的俄文。

❷ 這是鐵道博物館的展示幅員地圖，左側是鐵道的主題館 Exhibition Hall，右側是火車的戶外展示區 Open-Air Exposition。

❸ 這一台綠色的蒸汽機車 TƏ-036，是二戰德國的 BR52 型，很珍貴的前蘇聯寬軌版，1524mm 軌距。

❹ 拉脫維亞國鐵，昔日前蘇聯時代使用的寬軌版柴油機車 TƏп60 型。

第 ④ 章　歐洲地區 鐵道事業體附設鐵道博物館案例　拉脫維亞 拉脫維亞鐵道歷史博物館
Affiliated Railway Museum to Railway Enterprise of Europe ｜ Latvian Railway History Museum

103

DANMARKS JERNBANEMUSEUM

丹麥　丹麥鐵道博物館

火車軌距	1435mm
啟用年分	1975 年
分類屬性	鐵道事業體附設博物館

❶ 丹麥鐵道博物館，就在歐登塞火車站旁邊。
❷ 該博物館在扇形車庫裡所保存的蒸汽機車。

　　丹麥鐵道博物館（Danmarks Jernbanemuseu），位於安徒生的故鄉歐登塞（Odense），旅客從首都哥本哈根搭 IR4 火車過去，需兩個多小時的車程。該鐵道博物館成立於 1975 年，乃是利用歐登塞的扇形車庫與轉車台，加以優化之後所成立的鐵道博物館，目前是由丹麥國鐵 DSB 所經營，搭火車的旅客，從歐登塞車站下車後，步行過去即可抵達。

　　這個博物館是北歐斯堪地那維亞地區最大的鐵道博物館，占地一萬平方公尺，扇形車庫裡保存相當多

的蒸汽機車以及一些古老的鐵路車廂,約有 50 輛,範圍包含丹麥鐵路史上各個時期的 20 條鐵路。室內館的部分,展示一些丹麥鐵路的文物,以及火車模型。由於該座扇形車庫與轉車台,保留了與站區的連外軌道,因此,在特定的節慶時,博物館內部分的火車會開上轉車台行駛出去,保留鐵道車輛實際運行的可能。

　　其實,丹麥鐵道博物館的建置,也是屬於國家鐵道博物館的規模,因為博物館是由國鐵經營,而歸類在鐵道事業體附設博物館的章節。

❸ 丹麥鐵道博物館,門口慶祝丹麥鐵路 150 週年,1847 ~ 1997 年的皇冠。
❹ 丹麥鐵道博物館,本身就是一座扇形車庫的建築。

第 5 章

歐 洲 地 區

LOCAL RAILWAY MUSEUM AND HERITAGE
RAILWAY MUSEUM OF EUROPE

保存鐵道組織
附設博物館案例

 羅馬尼亞上維塞烏森林鐵道博物館，注意蒸
汽火車後方的小木屋，寫著 Museum 這個字。

歐洲地區 保存鐵道組織 附設博物館案例

① 斯洛伐克切尼赫榮森林鐵道博物館，位於切爾尼巴洛格 Čierny Balog 車站，屬於北存鐵道組織附設的博物館。

② 這類型的博物館，需要搭配實際的保存鐵道，圖為羅馬尼亞 Mocanita 蒸汽火車在博物館外面生火冒煙，等待出發。

　　這個單元要介紹的是第四類地方鐵道博物館，這類博物館附屬於保存鐵道（Heritage Railway）的組織，或是私營的地方鐵道裡，在鐵道的正常運作之外附設了鐵道博物館。這類博物館通常免費、規模較小，但展示內容具有其獨特性與地方鐵道文化。旅客通常來此的重點在於鐵道的乘車體驗，而車站博物館的文物展示則會替乘車體驗加分，呈現該保存鐵道的核心價值。例如《世界的觀光鐵道》一書所介紹的英國藍鐘鐵路，就有自己附設的鐵道博物館。

英國 凱蒂沃斯鐵道博物館

火車軌距	1435mm
啟用年分	1968 年
分類屬性	保存鐵道組織附設博物館

位於英國中部的凱蒂沃斯山谷鐵道（Keighley and Worth Valley Railway）是英國知名的保存鐵道。這條鐵路原本興建於 1867 年，屬於英國中部的米德蘭鐵路（Midland Railway），因為不敵公路競爭，1962 年關閉。

由於沿線有許多鐵道古蹟，1968 年在保存鐵道團體的努力下這條鐵道重新開放，取名鐵道旅行博物館（Museum of Rail Travel），而凱蒂沃斯鐵道博物館就位於英格羅西站（Ingrow West）旁邊，旅客下車後步行就可以前來參觀，一切免費，十分便利。

鐵道博物館的裡面，以展示實體修復的蒸汽火車為主；外面則以運行完成修復的蒸汽火車為主。因為保存鐵道的蒸汽機車有很多部，今天跑哪一部未必可知，對於來此的旅客來說每天都是驚喜。所以，在火車的紀念品販賣店裡，看店員將 Today's Engine 的牌子放在哪一區的明信片裡，這部火車就是「Today's Engine」！

每天的蒸汽火車主角出場，雖然行駛距離僅僅只有 8 公里，但是每天都有更換火車頭，會有好幾部的蒸汽火車輪流出場運行，讓全世界喜歡懷舊鐵道的旅客為之心醉！

蒸汽火車牽引的車廂裡面，還有精製的餐車酒吧（Buffet car）與販賣部，其實跟一般的客運火車並無不同，甚至客車服務還更加精

❸ 英國凱蒂沃斯鐵道博物館的外觀，上面寫著 Museum of Rail Travel。

❹ 凱蒂沃斯鐵道博物館，就位於英格羅西站旁邊，下車後步行即可到達。

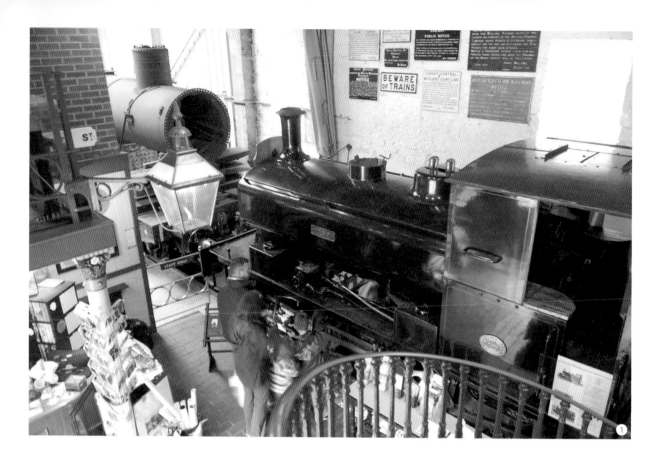

緻！車廂內裝洋溢著「復古優雅」的尊貴風情，那種懷舊尊貴的氣息，跟昂貴的東方快車並無二致，因此，不只是享受蒸汽火車運行而已，還有那讓人置身懷舊情境的美好回憶，這種消費價值是無可取代的。

　　歐洲的保存鐵道火車票很便宜，參觀博物館也是免費，凱蒂沃斯山谷鐵道來回票價才 9.4 英磅（約 335 台幣），就是實例。但是鐵道紀念品的價格不斐，因此用低廉的車票價格來降低旅客進入門檻，再動之以情讓旅客購買鐵道紀念品，使得保存鐵道能獲得較高的營收額。身為保存鐵道大國的英國，類似凱蒂沃斯山谷鐵道的地點全國不下百處，值得台灣許多舊鐵道再生發展借鏡。

❶ 博物館內，以實體修復的火車展示為主。
❷ 博物館展示史蒂芬生式汽門的原理，也只有這樣的模型可以透視框架，蒸汽火車的結構才能一探究竟。

火車軌距	1435mm
啟用年分	1968 年
分類屬性	保存鐵道組織附設博物館

荷蘭 霍倫梅登布利克 鐵道博物館

要認識所謂的保存鐵道以及附設的博物館，荷蘭霍倫梅登布利克鐵道（Hoorn Medemblik Railway），就是非常好的實例。這是一個車站博物館，相關的設施都集中在霍倫（Hoorn）這個車站裡。

這條鐵路開通於 1887 年 11 月 3 日，隨著時代的變化，公路的競爭，客運逐漸蕭條，1941 年 5 月以後就正式停駛。1968 年 5 月起以保存鐵道的角色重獲新生，並由地方志工保存與維持，有不同款式的蒸汽火車行駛其中，成為一條著名的觀光鐵道路線。

這條保存鐵道的起點，就是從霍倫這個磚造車站開始，包含古老的號誌樓與臂木式號誌，都還完整保存，蒸汽火車工廠也在運作。更難能可貴的是，在這兩百多位工作人員之中，只有十多位支領薪水，其他都是退休志工來義務幫忙，就連列車長與駕駛也多是鐵道的退休人員擔任志工。

參觀霍倫車站博物館無需收費，這裡提供雅緻的空間，有各種鐵道圖書以及販售模型等紀念品，親子一同沉浸在古董客車的懷舊風情裡，裡面還有一節專售紀念品的客車。該博物館也是維修火車的車庫，志工正在此逐一修復老火車。裡頭有 8 部蒸汽機車輪流出勤動態行駛，都是噸數較輕的鐵道機車，

❸ 霍倫梅登布利克鐵道博物館的所在地「霍倫火車站」。

❹ 霍倫梅登布利克鐵道博物館展示的 30 號蒸汽機車，可以動態運行。

工作人員在出發前 4 小時就要
整備，行駛一天回來還得再花
3 小時擦拭保養，可見得他們
對蒸汽火車重視的程度。

　　目前從霍倫到梅登布利克
這 20 公里的路程，幾乎每天
都有蒸汽火車行駛，霍倫車站
於早上 11：15 開車，梅登布利
克車站則於中午 13：15 開車，
梅登布利克車站裡沒有加水的
設備，因此為了顧慮續航力的
問題，蒸汽火車還帶著「水罐車」，要自備「水壺」才
能去遠足呢！由於荷蘭是低地國，而大海就在鐵路旁
邊的堤防外面，鐵道沿途有風車與單車的景致，成為
一幅最為經典的荷蘭鐵道風情畫。

❶ 霍倫梅登布利克鐵道的終點「梅登布利克車
　站」，5 號蒸汽機車。
❷ 該博物館是一個維修火車的車庫，志工正逐
　一修復老火車。

SAUSCHWÄNZLEBAHN

德國
黑森林武塔赫
河谷鐵道博物館

火車軌距	1435mm
啟用年分	1976 年
分類屬性	保存鐵道組織附設博物館

德國有一條穿越南部黑森林山區的武塔赫河谷鐵道（Sauschwänzlebahn），它連接萊茵河高地鐵路上的瓦爾茨胡特田根鎮（Waldshut-Tiengen），和巴登－符騰堡州（Baden-Württemberg）與瑞士的邊界，以及黑森林鐵路上的因門丁根（Immendingen），1890 年 5 月 20 日通車，更是一條標準軌距，最具傳奇色彩的

❸ BR50 型蒸汽火車在這條保存鐵道上運行。
❹ 黑森林武塔赫河谷鐵道博物館位於布倫伯格車站，旅客就從此處搭車。

德國登山鐵道。因為這條鐵路穿越武塔赫河谷，所以英文稱為 Wutach Valley Railway，德文稱為 Wutachtalbahn，又因為登山鐵路曲曲折折，所以德文稱為 Sauschwänzlebahn。

今日這條路線已是一條保存鐵道，它曾經是穿越黑森林的幹線，後來兩邊的替代路線完成後於 1974 年停駛。1976 年起轉為觀光用途，行經路線是從萊茲（Weizen）到布倫伯格（Blumberg）。這條保存鐵道只有於夏秋兩季才開放，而且以 BR50 型、V36 型一些二戰時期的火車行駛。黑森林武塔赫河谷鐵道博物館就位於布倫伯格車站，吸引許多全世界愛好蒸汽火車的觀光客，前來一探究竟，一親芳澤。

這條路線最迷人的地方，除了沿途有 1 個長達 1700 公尺的螺旋隧道外，還有 3 個 180 度的馬蹄形彎（Horseshoe curve），對標準軌的武塔赫河谷鐵道而言，此路線曲曲折折，難度很高！火車從海拔 702 公尺的因門丁根開始往南降到海拔 471 公尺的瓦爾茨胡特。雖然路線長度不過 25 公里，但海拔高度落差有 231 公尺，穿越 6 座隧道與許多石拱橋。旅程中蒸汽火車還會刻意放慢速度，就怕乘客不小心錯過了美景！火車通過馬蹄形彎時乘客可以體驗螺旋線結構，全線有許多地點可以看見下層路線和方才走過的鐵道，鐵橋之下，更是個美呆的德國童話世界呢！

❶ 黑森林武塔赫河谷鐵道博物館的模型。
❷ 布倫伯格車站的號誌樓，也是鐵道博物館參觀的重點。

德國 柏林公園鐵道的車輛博物館

火車軌距	600mm
啟用年分	1990 年
分類屬性	保存鐵道組織附設博物館

❸ 德國柏林公園鐵道，車輛博物館本身就是一座火車維修車庫。

❹ 當車庫門打開，裡面的蒸汽火車就出來運行。

這是一條在過去共產黨時期，由兒童與青少年所負責操作經營的「共青團鐵路」，受訓成員包括售票員（從 9 歲開始）、火車司機（從 12 歲開始）和調度員（從 15 歲開始），被稱為柏林先鋒鐵路。另一方面，火車真正的司機和調車主管，只能是 18 歲以上成年人。隨著年齡的增長，孩子學習的項目越來越多，可以成為儲備技師、火車司機或電機技術員等，在戰爭時期人力不足時可隨時替補，這就是共青團鐵路的功能。

不過隨著後來 1990 年共黨鐵幕解體，共青團鐵路的功能消失，少數被保留下來轉型觀光鐵路，比較知名的除了匈牙利的兒童鐵路之外，還有這條德國柏林先鋒鐵路，改名為柏林的公園鐵道（Berliner Parkeisenbahn）。因為這是一條 600mm 軌距的窄軌鐵路，所以火車速度很慢，只有時速 20 公里，安全標準比較低，很適合作為兒童儲訓的鐵路，柏林公園鐵道繞行 Wuhlheide 一圈，全長 7.5 公里，也很適合作為觀光小火車的鐵道。

在德國柏林公園鐵道上有一間機車庫，就是車輛博物館。裡面珍藏許多 600mm 軌

距的窄軌蒸汽火車，例如知名的 Orenstein & Koppel 製造的 Klaus 蒸汽火車，Henschel 製造的 Luise Las 蒸汽火車等，還有很多內燃機車，客車，都是在這裡維修與保存。在觀光小火車正常營運的日子，會開放旅客免費參觀。

❶ 德國柏林公園鐵道的車輛博物館，裡面藏有許多蒸汽機車。
❷ 柏林公園鐵道的火車站月台，600mm 軌距的鐵路與蒸汽機車的水鶴。

MINIATUR WUNDERLAND

德國
微縮景觀世界
鐵道博物館

火車軌距	16.5mm HO
啟用年分	2001 年
分類屬性	保存鐵道組織附設博物館

❸ 微縮景觀世界博物館的重點，就是精緻的鐵道模型。

❹ 德國漢堡的微縮景觀世界博物館的外觀。（林恆立 攝）

德國微縮景觀世界博物館（Miniatur Wunderland），座落於德國漢堡倉庫城，景觀共分為七個展區，在 6400 平方公尺的展廳裡，16.5mm HO 鐵道模型，占了 1545 平方公尺。博物館從 2001 年 8 月開始，2021 年 9 月底為止，鐵道模型已經擁有超過 16138 公尺長的鐵軌，是世界最大的鐵道模型。展示微縮場景從德國、瑞士、義大利、甚至遠至美國，後續還有許多模型場景，陸續修建中，每年吸引全球幾

十萬人次的旅客來到這裡參觀，參觀遊客無不嘆為觀止，微縮景觀世界鐵道模型締造了金氏世界紀錄，也成為德國漢堡這個城市，最為知名的鐵道博物館。

一般人總以為鐵道博物館，一定要有實體的火車，展示才有足夠的分量，其實未必盡然。在單純鐵道模型這一項，內容做得足夠豐富，配合大型鐵道場景，透過聲光與背景的控制，宛如置身在微縮世界，讓火車運行活靈活現，就可以成立一間世界知名的博物館，德國微縮景觀世界博物館，實現了這個創意的可能，就是最好的實例，而現代火車模型數位科技DCC（Digital Control Command）的普及化，也是重要的關鍵因素。

因為德國微縮景觀世界這個創意成功，也引發了世界各地的迴響，例如日本橫濱的原鐵道模型博物館，台灣的高雄哈瑪星台灣鐵道館，以及筆者在台南的交通科學技術博物館，都是用鐵道模型所創建的博物館。德國微縮景觀世界博物館，已經在世界各地，遍地開花了呢！

❶ 該博物館來自世界各國的參觀者統計，可以看見 LED 顯示台灣有 10333 人呢！（林恆立 攝）

展區	模型場景名稱	完工時間	面積（平方公尺）
1	哈茨／德國中部	2001 年 8 月	120
2	克奴分恩	2001 年 8 月	120
3	奧地利	2001 年 8 月	60
4	漢堡	2002 年 11 月	200
5	美國	2003 年 12 月	100
6	斯堪地那維亞	2005 年 7 月	300
7	瑞士	2007 年 11 月	250
8	克奴分恩機場	2011 年 5 月	150
9	義大利	2016 年 9 月	190
9 a.	威尼斯	2018 年 2 月	9

•德國微縮景觀世界博物館的鐵道模型•

●後續還有許多模型場景陸續修建中。

❷ 威尼斯的聖馬可廣場。（林恆立 攝）

火車軌距	1435mm
啟用年分	1968 年
分類屬性	保存鐵道組織附設博物館

❸ 布羅尼仙碧鐵道是一條保存鐵道，志工列車長服務大家，火車載客運行。

瑞士
布羅尼仙碧鐵道博物館

　　在瑞士法語區的 BC（Chemin de Fer-Musée Blonay-Chamby）布羅尼仙碧鐵道，其實是一條鐵道博物館附設的保存鐵道。起源於 1902 年通車的 CEV（Chemin de Fer Electriques Veveysans）登山鐵道，在 1966 年廢除部分路線，所以將它重新整理，成立鐵道博物館，1968 年重新開放。這個鐵道博物館，本身就是一座車輛維修基地，有非常多的骨董火車在此地整修至可以復駛的狀態。

　　這條鐵路雖然只有短短的 2.95 公里，旅行時間約 15 分鐘，卻因為有美麗的森林風光、漂亮的石拱橋，

❸

第⑤章　歐洲地區　保存鐵道組織附設博物館案例
Local Railway Museum and Heritage Railway Museum of Europe

瑞士　布羅尼仙碧鐵道博物館
Chemin de Fer-Musée Blonay Chamby

讓遊客徜徉在懷舊的鐵道歲月中。布羅尼仙碧鐵道的入口，是布羅尼（Blonay）車站，旅客可以從蒙特勒搭 MOB 鐵路來到這裡，途經的森林相當漂亮，從車窗可俯視日內瓦湖風景，最有名的莫過於 1902 年興建的馬蹄形石拱橋。由於是一條博物館附設的保存鐵道，所以橋上步道設施良好，火車通過這裡還會停車讓遊客下車拍照，並用多國語言介紹其歷史。

由於布羅尼仙碧鐵道最大坡度 50‰，路線中間設有一個號誌站，火車經過一個之字形折返上升便來到鐵道博物館，這裡收集許多瑞士米軌的蒸汽火車、電車、除雪車等特殊車輛，包含 BFD 齒軌的蒸汽火車，四汽筒登山用馬來式（Mallett）蒸汽機車等，假日不定期牽引客車運行，博物館在鐵道正常營運的日子，開放旅客免費參觀，還設有露天咖啡座呢！

❶ 布羅尼仙碧鐵道 BFD3 號蒸汽機車，正在加水升火待發。

❷ 布羅尼仙碧鐵道的火車，停在布羅尼火車站，木造車站的告示 Chemin de Fer-Musée Blonay Chamby，表示旅客可由此轉車前往布羅尼仙碧鐵道博物館。

SEMMERINGBAHN SÜDBAHN MUSEUM MÜRZZUSCHLAG

奧地利 薩瑪琳 鐵道博物館群

火車軌距	1435mm
啟用年分	2004 年
分類屬性	保存鐵道組織附設博物館

③ 這是米爾茨楚施拉格車站（Mürzzuschlag），
畫面右邊有一個扇形車庫，薩瑪琳鐵道博物館
群就設在這裡。

奧地利的薩瑪琳鐵道（Semmeringbahn）從 1854
年迄今超過一百六十年歷史，其登山鐵路的成就與光
輝，讓聯合國教科文組織第一次將鐵道納入世界文化
遺產的項目中，具有特殊的地位與意義。整條薩瑪琳
鐵道建立一系列的博物館群，沿線至少有四個車站博
物館，值得去欣賞注意。

十九世紀中葉，當時的奧地利王國要建造一條通
往地中海港口的鐵道，選擇從維也納穿越西南邊的薩
瑪琳山區，連接至義大利境內地中海的的里亞斯特
（Trieste）港口。對當代鐵道文明而言，1825 年英國
史蒂芬生才剛發明蒸汽火車，二十幾年後人類就要建
造一條能翻山越嶺鐵道登山鐵道，其難度不言可喻，
成為一項舉世矚目的偉大工程。

當時在總工程師卡爾·立特·梵吉佳（Carl Ritter
Von Ghega）的領軍之下，動員超過二十萬名勞工，自
1848 年開始動工，成就薩瑪琳鐵道的歷史傳奇。薩瑪
琳鐵道穿越十七座橋梁、十五座隧道，而山頂的海拔
高達 898 公尺，完工當時還是世界鐵路最高點，更使

這項工程別具意義。1854 年 7 月，薩瑪琳鐵道終於完工營運，隔年 1855 年的 7 月，從維也納到義大利的里亞斯特路段才全線通車。現今薩瑪琳鐵道的文化資產認定範圍，是從格洛格尼茨（Gloggnitz）到米爾茨楚施拉格（Mürzzuschlag）共 41.8 公里的路段。

　　火車從格洛格尼茨到派爾巴赫（Payerbach Reichenau），這裡是薩瑪琳鐵道的博物館群的**第一站**，該站文物紀念展示，包含陳列一部 OBB95 型蒸汽火車頭、老照片與相關資料。火車跨越連續兩座石拱橋之後，火車經過一個很大的馬蹄鐵彎迴旋上山，緊接著穿越一座座的隧道與石拱橋，其中以最大的雙層石拱橋 Kalte Rinne Viaduct 最為有名，該座橋長 187 公尺高 46 公尺，至今仍然是薩瑪琳鐵路的代表景點，這裡還曾是一百六十多年前的施工基地。

　　就在 Kalte Rinne Viaduct 上方的拱橋旁邊，有一個小型車站博物館，這裡是薩瑪琳鐵道的博物館群的**第二站**，從這裡可以拍到雙層石拱橋上面，火車通過的精采畫面。

❶ 這是派爾巴赫車站，世界文化遺產，紀念步道的起點，同時也是一個車站博物館。

❷ 博物館關於右圖 KalteRinne Viaduct 與 Semmering Bahn 建造的介紹。

接著火車來到山頂薩瑪琳車站，這裡是薩瑪琳鐵道的博物館群的**第三站**，包含聯合國教科文組織世界遺產紀念碑，與卡爾·立特·梵吉佳工程師紀念碑和薩瑪琳鐵路隧道與調度中心，都位於此處。接著火車經過最高點薩瑪琳鐵路隧道後，鐵道一路下坡至山後的車輛基地米爾茨楚施拉格車站，也是火車登山加掛補機的場所，回歸至一般正常的鐵道路線。

這個車站有一個扇形車庫，是博物館群的**第四站**，也是沿線博物館資源最豐沛的一站，這個博物館在 2004 年 6 月 10 日開幕，以紀念薩瑪琳鐵路一百五十年。

由此可知，鐵道博物館其實不需要富麗堂皇、一間獨大，若能透過在地耕耘，建立一系列的博物館群，將古蹟串聯起來，效果並不會比較差。薩瑪琳鐵道的博物館群案例值得台灣去深思。

❸ 1998 年登錄世界文化遺產，薩瑪琳鐵道最為經典的地標雙層石拱橋，畫面右上方拱橋旁邊，有一個小型博物館。

❹ 派爾巴赫車站旁邊，停放昔日 Semmering Bahn，ÖBB95 型登山專用五動輪蒸汽機車。

土耳其 伊斯坦堡 鐵道博物館

火車軌距	1435mm、1067mm
啟用年分	2005 年
分類屬性	保存鐵道組織附設博物館

土耳其的伊斯坦堡鐵道博物館（Istanbul Railway Museum，土耳其語：İstanbul Demiryolu Müzesi），是一座鐵路車站博物館，位於伊斯坦堡的法提赫區（İstanbul Sirkeci），也就是歐洲區的火車站。

伊斯坦堡這座城市，被博斯普魯斯海峽分隔成歐洲區與亞洲區，形成歐亞大陸的交界，過去火車至此，只能用船接駁。而亞洲區的火車站，可以一路通往阿富汗、巴基斯坦、中國，歐洲區的火車站，再一路通往德國，法國，甚至英國各地。錫爾凱吉火車站（Sirkeci Railway station）這個車站，是昔日東方快車開往法國巴黎的起點站。

該火車站於 1888 年建成，1890 年啟用，是一座歷史古蹟的火車站，與 1882 年開始的東方快車歷史，緊緊環扣在一起。隨著博斯普魯斯海峽的海底隧道通車，新的伊斯坦堡火車站落成，這個火車站也就理所當然轉變為博物館，成為文化資產。2005 年 9 月 23 日正式開放，由土耳其國家鐵路 TCDD 保存和營運。

❶ 這座古老的磚造建築，是舊的伊斯坦堡歐洲區的火車站，昔日為來自巴黎東方快車的終點站。

❷ 如今這座錫爾凱吉火車站，搖身一變，成為 TCDD 土耳其國鐵所屬的伊斯坦堡車站鐵道博物館。

❸ 昔日東方快車上所使用的餐具，被完整保存在這裡展示。

除了週日和週一外，博物館每天 9：00 至 17：00 開放，入場參觀免費。

這個鐵道博物館展覽面積約 145 平方公尺，展出了約三百件歷史物品，包括 TCDD 土耳其的火車、火車站的時鐘、歷史照片和鐵道文物。其中一些是用於東方快車的餐車家具和銀器，一些歷史悠久的機車車輛的製造商銘鈑等。最有趣的是，如今東方快車已經不再停靠，但這個歷史古蹟的火車站月台依然還在使用，除了拍攝電影《東方快車謀殺案》之外，TCDD 土耳其國鐵的區間車還會進站停靠呢！

❹ 伊斯坦堡車站鐵道博物館裡面，正面以 TCDD 通勤客車車頭為主體。

❺ 昔日東方快車停靠的月台，停靠 TCDD 土耳其國鐵的區間車。

MONTSERRAT RAILWAY MUSEUM

西班牙
蒙特塞納登山鐵道博物館

火車軌距	1000mm
啟用年分	2003 年
分類屬性	保存鐵道組織附設博物館

　　登山鐵路可以納入都市大眾捷運系統，甚至採用電子票證，旅客還可以使用一日券一票到底，這就是巴塞隆納市區的蒙特塞納齒軌登山鐵路的特色。

　　西班牙的齒軌登山鐵路，有一個有趣的西班牙文名稱「拉鍊」（El Cremallera），主要集中於庇里牛斯山與加泰隆尼亞山區，皆為米軌的電車，顏色鮮豔相當漂亮。這個名稱與西班牙第一條齒軌登山鐵路有關，位於加泰隆尼亞山區，1892 年開業的蒙特塞納登山鐵路（El Cremallera de Montserra）。從蒙特塞納山腳，海拔 152 公尺的莫尼斯特羅爾車站（Monistrol de Montserrat），爬升至山頂海拔 700 公尺的蒙特塞納

❶ 蒙特塞納登山鐵道博物館就位於 Monistrol Vila 車站外面，旅客可以實際去搭乘，目睹登山電車爬山的驚險坡度。

❷ 蒙特塞納登山鐵道博物館，是一間很小的房子。

❸ 蒙特塞納登山鐵道博物館的外面，展示通車初期所使用的齒軌電力車頭與車廂。

❹ 博物館裡面展示蒙特塞納登山鐵道早年通車初期的齒軌蒸汽機車模型。

車站，全長共 14 公里，海拔落差將近 550 公尺。這條鐵路在 1957 年 5 月 12 日一度關閉，直到 2003 年 6 月 6 日又重新開放。

目前這條登山鐵路，已經成為巴塞隆納市郊很重要的觀光新景點。鐵路的票證與巴塞隆納的捷運系統結合在一起，由加泰隆尼亞鐵路（Ferrocarrils de la Generalitat de Catalunya，簡稱 FGC）公司負責營運。旅客從巴塞隆納市區，搭 R5 線的電車前往便可以抵達。

而蒙特塞納登山鐵道博物館，就位於 Monistrol Vila 車站外面，外面展示通車初期所使用的齒軌電力車頭與車廂，裡面有早年通車初期的齒軌蒸汽機車模型。旅客來到這一站下車，從廣場上便可以目睹齒軌登山電車爬山的驚險坡度，在鐵道正常營運的日子，博物館就會開放旅客免費參觀。

CHILDREN RAILWAY MUSEUM

匈牙利
布達佩斯兒童鐵道博物館

火車軌距	760mm
啟用年分	不詳，約 1948 年～ 1988 年
分類屬性	保存鐵道組織附設博物館

　　匈牙利首都布達佩斯西邊的山區，有一條知名的兒童鐵道 Gyermekvasút，1948 年開始啟用，長 11.2 公里，鐵道是窄軌的 760mm 軌距，而布達佩斯兒童鐵道博物館，就位於 Huvosvolgy 車站，由 MAV 匈牙利國鐵經營。

　　在過去的鐵幕時代，兒童鐵道有它戰略上的需要，也就是共青團的儲訓功能。政府遴選 10 ～ 14 歲成績優秀的兒童來這裡學習操作鐵道體系，包含駕駛、行車調度、剪票等營運操作科目，是訓練用而非運輸用。萬一發生戰爭，國家必須徵調兵員，當運輸人力短缺之時，這些兒童猶如後備軍人，可以立刻派上用場，進入交通運輸體系接替大人的工作。

❶ 布達佩斯兒童鐵道博物館，就位於 Huvos-volgy 車站，兒童鐵路的火車從此地出發。
❷ 博物館裡面陳列的老照片有兒童鐵道的實習生向火車敬禮的歷史鏡頭。
❸ 博物館裡面陳列的兒童鐵道火車模型與畫作。
❹ 布達佩斯兒童鐵道，紅白兩色的 FAUR L45H 型柴油車頭，牽引客車奔馳於匈牙利布達佩斯山丘的森林中。

BOX

• 波西尼亞軌距與 FAUR L45H •

波西尼亞軌距是 760mm 軌距，普遍存在於昔日奧匈帝國與南斯拉夫帝國的時代，現今奧地利、匈牙利、捷克、斯洛伐克、保加利亞、塞爾維亞、羅馬尼亞等國，涵蓋東歐的阿爾卑斯山、喀爾巴阡山脈、巴爾幹山脈等窄軌鐵道，都還在使用。羅馬尼亞的布加勒斯特 FAUR（23 August Works）廠，製造 FAUR L45H 型柴油機車，就是為波西尼亞軌距而特別設計的。這款火車好登山又好轉彎，行遍歐洲阿爾卑斯山脈、喀爾巴阡山脈、巴爾幹山脈三大山脈的登山與森林鐵道，您可以看到這款火車被塗成了五顏六色，每個國家的顏色都不一樣，這也是來這裡搭火車的樂趣。

⑤ 這是塞爾維亞的 FAUR L45H，綠色的版本，Sargan Eight Mokra Gora 車站。

　　不過，隨著東歐鐵幕解體之後，共青團消失，已無必要訓練學童來操作鐵道，昔日 10～14 歲的學童也長大成人，此處成了當地知名的觀光景點。而布達佩斯兒童鐵道博物館裡陳列許多老照片，例如兒童鐵道的實習生得向火車敬禮的歷史畫面、兒童鐵道的火車模型以及畫作。

　　如今這個兒童鐵路的列車長，仍是未成年的青少年，這些學童還是依循傳統，在火車進出車站時都得向火車敬禮呢！

　　今日的兒童鐵道也有蒸汽火車，不過只限包車或特定的節日才會出動。博物館在鐵道正常營運的日子，可以開放旅客免費參觀，並且實地搭乘一段兒童鐵道，可以看見紅白兩色的 FAUR L45H 柴油機車頭，營運時速約 30 公里，這就是波西尼亞軌距，是東歐 760mm 軌距最常見的火車呢！

BAIKAL RAILWAY MUSEUM

俄羅斯 貝加爾湖
西伯利亞鐵道博物館

火車軌距	1524mm
啟用年分	不詳
分類屬性	保存鐵道組織附設博物館

　　俄羅斯貝加爾湖環湖鐵路（Circum-Baikal Railway），向來是西伯利亞鐵路之旅的重頭戲。貝加爾湖鐵道博物館，就設在貝加爾火車站裡面，用俄語詳細訴說著這條鐵路的歷史故事。

　　今日貝加爾湖的環湖鐵路，原本是西伯利亞鐵路主線的一部分。在二十世紀初 1904 年日俄戰爭爆發時，日本偷襲俄國在旅順大連的軍隊，當時俄羅斯需要利用鐵路運兵到東亞，但是西伯利亞鐵路工程只從莫斯科推進到貝加爾湖附近，還沒蓋到海參崴。剛好那年冬天的貝加爾湖，湖面上結了厚厚的冰，俄國沙皇為了加快興建速度，將鐵路臨時鋪設在湖面的冰層上，讓火車可以直接跨湖而過，另一方則沿著貝加爾湖岸南邊蓋正式的鐵路，兩邊同時進行，以加快修建進度。當時鐵路主線從伊爾庫茨克沿著安格拉河到貝加爾湖港（Порт байкал），臨時鐵路則從貝加爾湖到斯柳江卡（Слюдянка），然後繞過南邊最後連接到烏蘭烏德。可惜緩不濟急，尚未等鐵路鋪好，1906 年俄國已經戰敗收場。

　　後來西伯利亞鐵路完工之後，俄羅斯一直記取這段教訓，也知道未來日俄之間終將一戰，於是在二次世界大戰末期，俄羅斯默默做好準備，將貝加爾湖鐵路，採取截彎取直的工程，加快西伯利亞鐵路的運輸效率，鐵

❶ 貝加爾湖鐵道博物館，其實就是貝加爾火車站這間很特別的木屋。

❷ 博物館裡面透過模型展示西伯利亞鐵路，修建到貝加爾湖這一段的工程。模型中的火車站，就是現在這座博物館。

路從伊爾庫茨克，一路爬升穿過山峰，然後再下降至斯柳江卡，這段鐵路的設計，用到很多登山鐵道工法的loop，艱鉅程度不亞於阿里山鐵路。從此舊西伯利亞鐵路，沿著安格拉河到貝加爾湖港這一段就被廢棄。因為截彎取直，里程少了10公里，這也是為何西伯利亞鐵路里程紀念碑會有數字不一致的情況發生：莫斯科火車站寫的是9298公里，而海參威火車站則是9288公里。

❸ 該博物館外面就是貝加爾湖環湖鐵道，旅客可以實際去搭乘火車來體驗。左側那部 L 型蒸汽機車，是該博物館的戶外展示火車。

❹ 在西伯利亞鐵路海參威火車站的月台上，可見 9288 公里紀念碑。

❺ 今日保存的貝加爾湖環湖鐵路，一些橋梁與文物，在博物館裡展示。

　　萬事皆備，只欠東風，1945 年在雅爾達密約之後，俄羅斯利用西伯利亞鐵路大量運送部隊，高達八十九個師，一百五十萬的兵員抵達中蘇邊境。1945 年 8 月 9 日，俄羅斯發動對日本的戰爭，三天後攻下偽滿洲國，迫使日本無條件投降，終於報了當年的一箭之仇。這就是整個博物館的故事鋪陳內容。

　　今日的西伯利亞鐵路，就是走截彎取直的新路線，多數路段已經鐵路電氣化。而古老的貝加爾湖舊鐵路，從斯柳江卡到貝加爾湖港，沒有電氣化，保留下來後便成了今日的環湖觀光鐵路。

　　每年的 6～8 月，是西伯利亞的貝加爾湖觀光旺季，景色氣候宜人，搭環湖觀光鐵路的人潮絡繹不絕。這個時候，還會出現古老的 L 型蒸汽火車牽引客車運行，不過，因為貝加爾湖港車站沒有轉車台，所以貝加爾湖鐵路必須用兩部火車頭對接以利回頭運行。於是在貝加爾湖港火車站，旁邊陳列俄羅斯 L 型的蒸汽火車，並設置鐵道博物館，訴說著過去貝加爾湖舊鐵路的歷史。

第 6 章

亞 洲 地 區
JAPANESE RAILWAY MUSEUM
日 本 鐵 道
博 物 館 案 例

1883 年的北海道舊手宮「機關庫」，為全日本保存最古老的扇形機車庫。

亞洲地區
日本鐵道博物館案例

　　放眼全球最適合鐵道自助行的地區，就是歐洲與日本，因為這兩處都有完善的鐵路周遊券（Rail pass），對旅人十分方便。而日本更是台灣每年出國觀光的首選，除了地理位置近、治安良好、語言易懂外，交通工具方便也是關鍵因素。而鐵道博物館更是遍布各地，從第一類到第四類，樣樣俱備，即使是規模最小的第四類博物館，也是麻雀雖小，五臟俱全。依據十二項統計分析指標，接近滿分的不少，這也反映了日本人做事一絲不苟的性格。

　　日本最早的鐵道是 1871 年開始的，後來大部分日本的鐵路線由國家經營，稱為日本國有鐵道，簡稱國鐵（Japanese National Railways，JNR）。1921 年，正值日本國力鼎盛，鐵道開業五十週年，JNR 在東京站北口成立「鐵道博物館」，是全亞洲第一個鐵道博物館，後來經過多次變遷，更名為「交通博物館」。當年的大門，以 D51 和新幹線 0 系並列，前者是日本在遠東地區製造最多的蒸汽火車，後者是 1964 年全球高速鐵路的肇始者。然而，隨著 1987 國鐵民營化，JNR 分割出七家子公司，總稱 JR，也就是現今的 Japan Railways。

　　此外，台灣因為曾經被日本統治五十年，在鐵道與火車這個領域，有太多相似的內容，因此國人前往日本的鐵道博物館，來一趟知識尋根的火車之旅，更是許多鐵道迷所追逐的夢想。因此，本單元用較多的文字，詳細介紹一些具有代表性的日本鐵道博物館，透過這些博物館，找回台灣過去使用的火車、鐵道建築等，還有消失的記憶與感動，因為日本鐵道博物館看到的不止是鐵道而已，還有「莊嚴」與「創意」。

❶ 日本最古老的鐵道博物館，秋葉原的交通博物館，大門以 D51 和新幹線 0 系並列，如今已經轉移到大宮鐵道博物館。

❷ 日本大阪交通科學博物館的 233 型，屬於日本明治時期的 230 型，後來成為台鐵的 BK10 型。

火車軌距	1067mm
啟用年分	1962 年
分類屬性	鐵道事業體附設博物館

③ 小樽綜合博物館，完工於 1883 年的手工磚造扇形車庫，是日本的鐵道紀念物。

④ 小樽綜合博物館運行的美製蒸汽火車，行駛914mm 的軌距鐵道。

北海道 小樽綜合博物館

　　說來話長，小樽綜合博物館的由來，有一段故事。1962 年時，日本國鐵（後來 1987 年民營化）慶祝開通 90 週年，設立了「北海道鐵道記念館」，在不敵來客人數減少的狀況下，於 1992 年閉館。兩年後，「小樽交通紀念館」開業，是當時全日本面積最大的交通博物館。然而，受到 2007 年埼玉大宮的鐵道博物館開幕影響，小樽交通紀念館重新整修，以及與其他小樽當地的博物館整併後，在 2007 年 7 月 14 日，以「小樽綜合博物館」之名重新開幕。

　　歸根究柢，小樽綜合博物館原先是 JR 鐵道記念館，所以歸類為鐵道事業體附設博物館。

　　小樽綜合博物館的所在地別具意義。1880 年北海道最初的鐵路，就鋪設在小樽的手宮到札幌之間，1883 年手宮蓋了磚造的車庫，是全日本最古老的機關庫，也是現今小樽綜合博物館的所在地。館藏的車輛十分豐富，國寶級的準鐵道紀念物，有「靜」號（6 號）蒸汽機車，為昔日國鐵 7106 號 1884 年製；「大勝」號（30 號）蒸汽機車，為昔日國鐵 7150 號 1895 年製，北海道炭礦手宮製的蒸汽機車。此外，各式特殊鐵道車輛如除雪車就有七部之多，很合乎北海道雪地的特色，並還保留北海道鐵道開通起點，更是別具意義。

　　館內戶外的展示區，除了靜態

展示車輛以外，還有一部美國 1909 年製的 3 號蒸汽機車アイアンホース号，拉著三節遊園車廂運行。這條路線更是日本少數 3 英寸 914mm 的軌距鐵道，更增添園區活潑之趣。不過在隆冬季節，從冬季 11 月到隔年的 4 月，蒸汽火車會停駛一段時間。

　　由於日本土地昂貴取得不易，如本州之埼玉、京都及大阪的鐵道博物館的設置，都是部分利用現有鐵道設施的土地，因此不可能有廣大的露天展示區及公共設施。而小樽因地利之便占地 5 萬 8000 平方公尺，成為昔日占地最大的交通博物館，直到 2007 年被東京大宮的鐵道博物館所超越。儘管如此，小樽綜合博物館仍然沿襲過去東京鐵道、大阪交通兩館的特徵，雖然名為「綜合」博物館，其實都是以鐵道為主，其他交通工具少之又少。這也是日本交通博物館的一大特色，更加驗證了日本真的是「鐵道」王國。

❶ 小樽綜合博物館的另一端木造的車站，也是該館的入口。

❷ 小樽綜合博物館所保存的 ED76 機關車與 C55 蒸汽機車。

MIKASA RAILWAY VILLAGE AND MEMORIAL MUSEUM

北海道
三笠鐵道博物館

火車軌距	1067mm
啟用年分	1987 年
分類屬性	鐵道事業體附設博物館

❸ 北海道的三笠鐵道博物館裡，動態保存的 S304 蒸汽機車，1987 年開始運行。

❹ 戶外展示區有國鐵時代的普通客車，各種型式的除雪車。

西元 1880 年 11 月 28 日，北海道首條鐵路線開通，從小樽的手宮至札幌，1883 年 11 月 13 日，再從手宮延伸到幌內，稱為幌內線，這是北海道的第二條路線開業，負責運送並開掘北海道豐富的煤礦礦藏，再從小樽港出口。但是隨著公路輸送與汽車的發達，原有的鐵道逐漸沒落，1987 年 7 月 12 日起，這條鐵路便停駛了。

因此，為了珍藏歷史記憶，JR 北海道便保存當時幌內線從三笠至幌內的鐵路段，並將 JR 幌內的相關設施成立「三笠鐵道博物館」（Mikasa Railway Village and Memorial Museum），並於同年 9 月 4 日開業。分類上歸類為鐵道事業體附設博物館。

三笠鐵道博物館堪稱是北海道地區除了小樽綜合博物館之外，最具代表性的鐵道博物館。尤其園區內還有動態保存的鐵道，固定由一部 1939 年日本車輛製造，二次大戰前的產業鐵道機車——S304 蒸汽機車行駛 450 公尺的路線，牽引貨車改造的 Torokko 客車往返，從 1987 年運行迄今，不需額外付費即可乘坐，是非常珍貴的北海道蒸汽機車體驗。

此外，三笠鐵道博物館的戶外區有許多保存車輛，包含有國鐵時代的普通客車，Kiha80 型柴聯車，各種型式的除雪車，台灣高鐵現今使用的 DD14、DD16 柴油機車，以及陳列著機關車的磚造車庫。在室內博物館部分，展示有鐵道歷史照片與火車模型等文物，令人目不暇給。

入館需門票，但戶外展示則免費參觀。

❶ 室內博物館展示的鐵道歷史照片，與火車模型等文物。
❷ 室內博物館部分，有動態的火車模型展示。

SEIKAN TUNNEL MUSEUM

青森 青函
海底隧道紀念館

火車軌距	914mm
啟用年分	1988 年
分類屬性	鐵道事業體附設博物館

❸ 昔日建造青函海底隧道的斜坑與專用的車輛，軌距為914mm，如今在青函隧道紀念館，作為斜坑的體驗車。

1988 年開通的青函海底隧道，全長 53.850 公里，其中海面下的路段 23.30 公里，是全球第一長鐵路海底隧道，比 1994 年通車全球知名的英法海底隧道 50.4 公里更長、年代更久，尤其是青函海底隧道深達海面下 240 公尺，全世界無可出其右。為了施工方便與緊急逃生出口，在本州與北海道的隧道各有一個海底車站，分別為龍飛海底站與吉岡海底站，而龍飛海底站海底車站，透過 0.8 公里的斜坑鐵道連接至地表，就是青函海底隧道紀念館。

為了安全起見，只有本州龍飛海底站開放參觀而已，而且停靠與參觀有「限定班次」，搭乘斜坑的體驗車可通達至地表，直接前往青函隧道紀念館參觀。過去除了三款知名的寢台列車，固定夜間會通過青函海底隧道之外，目前還有「超級白鳥」特急，從青森到八戶行駛津輕海峽線，包含 JR 東日本 485 系與 JR 北海道 HEAT 789 系電車，而 HEAT 的涵義是 Hokkaido Express Advanced Train，北海道特急先進列車，穿越

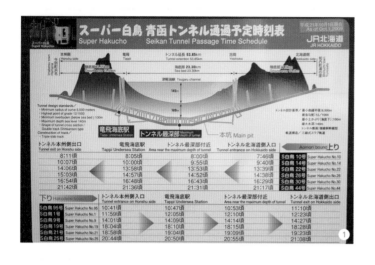

① 當超級白鳥電車穿越青函海底隧道，車廂內還會依照通過的時間，顯示海底隧道的列車位置。

② 龍飛海底站的月台，位於海面下140公尺深處，電車會停在這裡，讓旅客下車參觀博物館。

③ 建造青函海底隧道的施工用車。

青函海底隧道時，車廂內還會自動顯示列車所在位置，果然十分先進！

　　不過，當初隧道在建設之初，JR 已經有考慮到未來有可能會興建北海道新幹線，因此將路線拉直，設雙線隧道，架線電壓為交流區間（新幹線電壓），並預留軌道淨空，多鋪一根軌條，形成 1067mm 與 1435mm 軌距共用的三線版式軌道，即可讓新幹線通過海底隧道。當時 1971 年，新幹線才剛開始營運不過 6 年，日本就已經考慮到未來新幹線海底隧道的工程，比 1994 年英法海底隧道早了 23 年。讓之後的北海道新幹線，不需再花數兆日圓重建新的隧道。這種建設工程的遠見，著實令人欽佩不已！如今青函海底隧道紀念館，是世界最長的海底隧道之紀念館。旅客還是可以透過 914mm 軌距的斜坑鐵道到龍飛海底站，但是在 2014 年 3 月北海道新幹線通車之後，為了安全，龍飛海底車站也暫停服務。

埼玉
大宮鐵道博物館

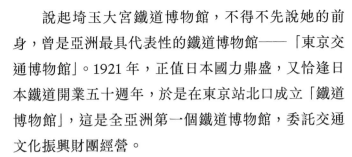

火車軌距	1067mm
啟用年分	2007 年
分類屬性	國家級鐵道博物館

④ 埼玉的大宮鐵道博物館的入口紀念，以 D51 型為主題，下面有日期可資留念。

說起埼玉大宮鐵道博物館，不得不先說她的前身，曾是亞洲最具代表性的鐵道博物館——「東京交通博物館」。1921 年，正值日本國力鼎盛，又恰逢日本鐵道開業五十週年，於是在東京站北口成立「鐵道博物館」，這是全亞洲第一個鐵道博物館，委託交通文化振興財團經營。

鐵道博物館後來經過多次變遷，二戰後更名為「交通博物館」，加入部分陸運、海運及航空工具，展示地點也遷移至今日的秋葉原站，館內主要內容仍以鐵道文物為主，2005 年為了擴大其展示內容與規模，東京交通博物館閉館，2007 年 10 月 14 日在埼玉大宮另建新址，以日本的「鐵道博物館」重新開幕。我想，對於過去曾參觀過東京交通博物館的朋友，又重新到訪大宮鐵道博物館，可以比較同一個展示物品，其陳設空間與館藏資源的改變，都會驚訝日本在博物館資源方面的投資驚人，真是教人敬佩不已！

至於接棒自東京交通博物館的大宮鐵道博物館，其展示空間仿自英國的約克鐵道博物館，一樓的大廳類似扇形車庫，以 C57135 為中心的轉車台，四周是保存車輛的展覽陳設室，火車除了來自東京交通博物館之外，也大幅增加許多保存的火車。

鐵道博物館內從國寶級歷史文件、鐵道紀念文物、火車模型館、駕駛模擬體驗機，全部應有盡有，歷史、科技及教育全都涵蓋，一看即知這是「國家級」的博物館，博物館外面還有戶外的鐵道體驗區，高架的新幹線與平面的在來線都在視野範圍內，因此，大宮鐵道博物館的入館門票也最為昂貴。

大宮鐵道博物館館藏的

1975 年日本最後的客運用蒸汽機車 C57135，
以其為中心的轉車台表演，吸引全館大家的目光。

蒸汽火車，樣樣是重量級的國寶，前述提到的 C57135，是日本國鐵最後一班客運蒸汽火車的牽引機車，1975 年結束北海道的室蘭本線後被送到東京交通博物館，卻沒有足夠的伸展空間，如今 C57135 獲得全新的舞台，還會定時鳴笛旋轉，成為全場參觀民眾的目光焦點。

　　這個博物館被日本定位國家級鐵道博物館，真的當之無愧。從統計指標上看幾乎就是滿分，除了一項屬於地方保存鐵道的指標，博物館鐵道連結沒有之外，基本上整個架構超級完美，值得國人深思與參考。

❶ 1880 年製的北海道 1 號機車弁慶號。
❷ 大宮博物館的 HO Gauge 火車模型館，高架的新幹線，與平面的在來線，吸引許多遊客的目光。

TOKYO METRO MUSEUM

東京 東京地下鐵博物館

火車軌距	1067mm
啟用年分	1986 年
分類屬性	鐵道事業體附設博物館

❸ 亞洲最早的地下鐵，1927 年（銀座線）上野至淺草間營運通車電車 1000 型。

　　早川德次被尊稱為日本地下鐵之父，1914 年他前往歐美觀察倫敦地下鐵之後，發願要在東京建設地下鐵，1920 年成立了東京地下鐵株式會社，中途經歷了關東大地震的波折。西元 1927 年 12 月，從東京的上野到淺草間，共 2.2 公里長的銀座線地下鐵開通，這是日本最早的地下鐵，也是亞洲最早的地下鐵。1954 年第二條地下鐵丸之內線通車，與銀座線都是 1435mm 與第三軌的路線。

　　西元 1986 年，當時的「帝都高速度交通營團」在江戶川區的葛西站設置東京地下鐵博物館。後來帝都高速度交通營團改名為 Tokyo Metro 東京地下鐵株式會社，擁有 9 條路線，而東京都營的地下鐵則擁有 4 條路線，也就是東京共有 13 條地下鐵路線，總營運里程共超過 300 公里。而本博物館是屬於東京地下鐵株式會社的鐵道事業體附設博物館。

❶ 昭和年代地下鐵的初期，日本的東京地下鐵的內裝與當時的旅客蠟像。

　　東京地下鐵博物館展示早川德次的銅像與相關資料，同時也保存了三部實車：一是東京地下鐵道株式會社的1001號電車，即是上野到淺草間開業時使用，為日本最初製造的地下鐵電車；二是東京第二條開業地下鐵，丸之內線的301號電車，在日本報廢之後，還出口到阿根廷的布宜諾斯艾利斯市地下鐵繼續使用；最後則是東京高速鐵道的100型電車，保存前端車體作為運轉台，提供參觀者操作自動開關門裝置，以及觀察轉向架上馬達動作。

　　由於地下鐵博物館門票便宜，交通方便，東京地下鐵東西線葛西站下車即可，十分適合親子共遊，也可以提供國內籌建捷運博物館，作為規畫參考。

❷ 日本東京地下鐵博物館，展示日本的地下鐵歷史，從 1914 ～ 2008 年。
❸ 有關地下鐵的驅動馬達、集電弓、轉向架等機電設施實物展示。

東京 青梅鐵道公園

火車軌距	1067mm
啟用年分	1962 年
分類屬性	鐵道事業體附設博物館

西元 1921 年，在東京交通博物館成立之初，因為東京市中心沒有足夠的場地可以陳列實體車輛，使得日本國鐵的保存車輛計劃受阻，於是在戰後 1962 年 10 月 19 日，日本鐵道開業九十週年時，於東京市郊青梅市的山坡上，正式成立青梅鐵道公園，將國鐵的重要車輛陳列於此，等於是東京交通博物館的輔助館。日本 JR 用鐵道公園這個名稱，等同是附屬在交通博物館之下，一種主從關係。

相較於日本其他鐵道博物館，青梅鐵道公園顯得小巧許多，國際知名度也不如其他四者，但頗有自己的特色。而且保存蒸汽機車的數目，不亞於東京及大阪兩座鐵道博物館。在該館保存的 11 部蒸汽機車中，包含 5 種台灣也有的蒸汽火車：D51452（台鐵 DT650 型）、5540（近台鐵 BT 40 型）、2221（台鐵 CK80 型）、8620（台鐵 CT150 型）及 9608（台鐵 DT580 型），都是為台灣鐵道系列同型車，因此很值得國人前來參觀。本館有鐵道模型，運轉會跑的小火車，公園裡設有弁慶號蒸汽小火車可載人行駛、自動平交道以及各型幼兒遊憩設施，適合親子同樂，成就家庭歡樂的親子時光。

青梅鐵道公園占地雖小，但門票相對便宜。除了青梅鐵道公園，1962 年還同時在小樽及大阪分別成立鐵道（交通）博物館，再直至 1972 年京都梅小路蒸汽火車館加入，這五座博物

❹ 青梅鐵道公園的主館，許多消失停駛的火車，透過模型保存了記憶。

❺ 鐵道模型的運轉會，N 規會跑的小火車，成就多少歡樂的親子時光。

❹

❺

館合稱日本國鐵 JNR 的五大鐵道博物館。1987 年日本國鐵民營化之後，國有鐵道博物館完成分割經營權，除了小樽那一座屬於小樽市之外，東京、青梅兩座給 JR 東日本，京都、大阪兩座博物館給 JR 西日本鐵路公司。後來東京秋葉原這一座博物館關閉，另外成立大宮鐵道博物館。

不過很可惜的是，這些台鐵的蒸汽機車都是靜態展示，尤其是台灣已經消失的 BT40 型與 CK80 型更顯珍貴。還好在東京廣域的範圍，還有動態的展示場所，就是埼玉縣的日本工業大學的 2109 號蒸汽機車。1891 年由英國製造，原型稱為 B6，也是台鐵的 CK80 型，除了 8 月、12 月之外，每個月的第三個星期六，下午 1：00 ～ 3：00，就會出來行駛展示，以彌補青梅鐵道公園的遺憾。

❶ 青梅鐵道公園的前庭，D51452 蒸汽火車，屬於台鐵 DT650 型。

❷ 青梅鐵道公園的後院，陳列著 5 部蒸汽機車，許多都是台鐵的同型火車。

TOBU MUSEUM

東京
東武鐵道博物館

火車軌距	1067mm
啟用年分	1989 年
分類屬性	鐵道事業體附設博物館

❸ 東武鐵道博物館的入口，可以看到通勤用自走電車 5 號。

東武鐵道是日本東京非常有名的私鐵，所謂私鐵就是私人財團所開設的鐵道公司。在明治時期，日本鐵路還沒有國有化的時代，這些私鐵具有舉足輕重的地位，直到今日，日本許多私鐵都還在營運中。東武鐵道成立於 1899 年淺草，也就是知名的淺草觀音寺旁邊，在 1989 年九十週年時，於其東向島高架站下方設立東武鐵道博物館，成為企業博物館。旅客只要從淺草站搭東武伊勢崎線，在「東向島站」下車就可以來到這裡，對一般人而言，難以想像如同一般商店的門面，竟然是一間著名的私鐵博物館。

東武鐵道博物館裡面展示的 6 號蒸汽機車，1898年英國製，近似台鐵 BT40 型，定時有鐵道車輛的動態展演，原地運行。另外有電力車 ED5015、木造的通勤用自走電車 5 號等歷史古物，以及號誌、保安裝置和鐵道模型、運轉模擬操作台等。與東京交通博物館的文物相比是少了一些，但是就涵蓋的種類及範圍而言，卻是相當齊全，絲毫不亞於京都鐵道博物

館的室內展示館。以「麻雀雖小，五臟俱全」來形容
這間私鐵博物館，實不為過。

　　前述所及，受限於東京地區土地昂貴，以致於戶
外展示區有限，但誰說鐵道博物館陳設不能分開？東
武交通博物館就將部分的電車、客車、氣動車及古老
的電力機車和蒸汽火車陳置在「東武動物園」內，等
於是第二間東武鐵道博物館。對於參觀者而言，如果
欲窮千里目，更上一層樓，就必須再跑一趟東武動物
園，這也是一項有創意的經營策略。

❶ 戶外展示的東武鐵道 5701 號特急電車。
❷ 東武鐵道 6 號蒸汽機車，1898 年英國製，
　結構近似台鐵 BT40 型，可以動態展演原地
　運行。
❸ 東武鐵道博物館的鐵道模型世界。

THE HARA
MODEL RAILWAY MUSEUM

橫濱 原鐵道
模型博物館

火車軌距	以 O 規 1/45 與 1 規 1/32 的模型為主
啟用年分	2012 年
分類屬性	地方鐵道博物館

④

④ 日本橫濱的原鐵道模型博物館入口，以車站的改札口為玄關。

⑤ 原信太郎的火車模型作品，是日本罕見的大比例，1 gauge 1/32 比例，考究很多火車真實的細節。

⑤

位於橫濱的「原鐵道模型博物館」，是一間以鐵道模型為主題的鐵道博物館，這個博物館的作品，是日本知名鐵道模型製作兼收藏家原信太郎的八十年創作歷程。原信太郎一生喜歡鐵道，用鐵道環遊世界，加上自身對於電機機械的專長，所以開啟了他用機械車床，自己修製火車模型的創作之路。

原信太郎的火車模型是非常特別的藝術品。相較於日本的鐵道博物館，多數以規格較小的 HO gauge 1/80，以及 N gauge1/150 的比例去製作，原信太郎的火車模型作品，則是罕見的大比例 O gauge 1/45 與 1gauge 1/32。這麼大比例的火車模型，最大的好處是可以考究很多真實的細節，例如車廂內的座椅與照明，火車的轉向架，還能真實的避震與搖晃，這都是小比例的模型做不到的。原信太郎使用珍貴的金屬、高級的馬達、嚴謹的烤漆，製造了超過百輛的火車，都不是外面可以買到的，在他家大型的鐵道場景中運行，真教人嘆為觀止！

1990 年，原信太郎在自宅開設火車模型館，因為空間有限，遷址於更大的空間，2012 年 7 月 10 日原鐵道博物館在橫濱正式開幕，

掉起很大的轟動。其中該館部分作品還曾遠渡重洋，來到台灣高雄的哈瑪星台灣鐵道館舉辦鐵道特展。

2008 年，他出版了他一生努力創作的 100 台火車模型一書，對於他老人家來說，一生都投入鐵道的創作，直到辭世為止，原鐵道模型博物館也就等同他一生的成果展。用「一生只做好一件事，此生已足，至死不渝」來歌頌原信太郎，絲毫不為過。看著原鐵道模型博物館的故事，筆者想到自己一生累積的交通科學技術博物館，該如何做好傳承，留下一生的成果展，似乎也從中得到啟示。

❶ 該館最精采的展示主題，1 gauge 比例火車模型運行館。
❷ 世界上很少有的 1 gauge 比例火車扇形車庫，中間為德國 BR96 蒸汽機車。
❸ 許多世界知名的火車陳設，原先生用大比例的 O gauge 火車模型去創作。
❹ 原信太郎一生的故事，展示於博物館裡。

OIGAWA RAILWAY

靜岡 大井川鐵道
千頭蒸汽機車資料館

火車軌距	1067mm
啟用年分	1976 年
分類屬性	地方鐵道博物館

　　大井川鐵道是日本保存鐵道的先驅。1975 年，日本鐵路在北海道開出最後一班蒸汽火車，在蒸汽機車全面淘汰之際，大井川首先提出將蒸汽機車保存營運的構想，領先 JR 與各家鐵道公司，1976 年 7 月 9 日，首次將北海道退役的 C11227 號復駛營運，開創日本保存鐵道之先河，SL 急行「かわね路号」，也成立千頭蒸汽機車資料館。多年之後，大井川鐵道動態保存的蒸汽機車，達 6 部之多，包含 C108、C11190、C11227、C5644、C12164、C11312（2007 年停用）。大井川鐵道不但建立了鐵道博物館，也實現了保存鐵道，動態鐵道博物館的理想。

　　大井川鐵道不只是保存蒸汽機車，其他在日本被淘汰的火車也收集到這裡，例如名古屋鐵道、近畿鐵

❶ 讓蒸汽火車復活運行，是靜岡大井川鐵道的最大賣點。

❷ 千頭蒸汽機車資料館就位於千頭站入口處。

❸ 大井川鐵道千頭蒸汽機車資料館，裡面展示的蒸汽機車解剖模型。

❹ 大井川鐵路與瑞士的 BRB 締結為姐妹鐵道，因此資料館內展示彼此的齒軌鐵路結構。

❺ 大井川鐵路與台灣阿里山森林鐵路締結姐妹鐵道，因此資料館內展示締結的歷史文件。

道、西武鐵道、南海鐵道及京阪鐵道的舊電車，全國的民眾凡是懷念以前家鄉的交通工具，都會跑到這裡來坐火車，品嘗沿線茶園的井川茶，以及特製的 SL 鐵路便當。在蒸汽火車所牽引的舊式客車中，有著昭和風的內裝，有會唱歌說笑的車掌，還有胸前掛個木箱叫賣的小販，無論何時來到這裡，總是帶您走入時光隧道重返昔日風華。甚至在「川根溫泉笹間渡」這個車站旁，旅客還可以邊泡溫泉邊欣賞火車過鐵橋風光。

大井川鐵道可以分成兩個路段，第一段是 1931 年通車的「平地段」大井川鐵道本線，從金谷至千頭 39.5 公里，電氣化路段，以蒸汽火車牽引懷舊客車運行。第二段是 1935 年通車的「登山段」井川線，原本是中部電力公司專用鐵道，從千頭至井川 25.5 公里，非電氣化路段，後來 762mm 被改成 1067mm 軌距，火車到達千頭站以後，旅客必須換搭登山鐵道至井川，以柴油機車從後方推進，從 ABT 市代站至長島水庫 1.4 公里這一段，採齒軌的登山鐵道方式上山。由於井川線為全日本僅存齒軌登山火車，以及 90‰ 為日本鐵路最大坡度，使得井川線在日本的鐵道，具有高度的特殊性與珍貴性。總之，蒸汽機車復活運行，與僅存的齒軌登山鐵道，是這條保存鐵道的最大賣點。

1977 年，大井川鐵路與瑞士的 BRB（Brienz Rothorn Bahn）締結為姐妹鐵道，1986 年，日本大井川鐵路也與台灣阿里山森林鐵路締結姐妹鐵道，每年 3 月固定到訪阿里山，因此大井川鐵路也在台灣享有高知名度。如同一般保存鐵道，搭火車得付費，參觀博物館免費。而千頭站蒸汽機車資料館，看到許多台灣阿里山森林鐵路的文物，令人倍感親切。

①

橫川 碓冰峠鐵道文化村

火車軌距	1067mm
啟用年分	1999 年
分類屬性	鐵道事業體附設博物館

① 橫川碓冰峠鐵道文化村的紅色磚拱橋，以及英國製蒸汽機車牽引遊園火車。

　　明治時期，日本鐵路坡度最大的瓶頸就是從橫川至輕井澤之間的信越線，1893 年為了克服高達 66.7‰ 的碓冰峠，鋪設齒軌 ABt 式三排齒條，並設置丸山變電所，以捷運第三軌方式供電。這樣的情形直到 1963 年雙線電氣化，該路段的齒軌取消，改成 ASAMA 電車加掛兩部 EF63 補機運行，這樣的日子一直延續到 1997 年 9 月 30 日。橫川到輕井澤路段正式停駛，改以時速 270 公里的長野新幹線取而代之，此情此景便走入了歷史。1997 年的最後一天，ASAMA 電車與 EF63 的告別之旅，當地鐵道迷人山人海，湧入離別難捨之情，酷似台灣 1998 年舊山線最後一天的「翻版」，令人懷念不已。

　　然而，具有長久鐵道文化保存經驗的日本，不容

民眾殷殷期待成為風乾的淚水。1999年4月，東日本鐵道公司將橫川機關區整地闢建成一座超大型的鐵道博物館，占地面積超越昔日日本第一的小樽交通紀念館，以靜態展示21輛火車，動態保存6輛電力機車，並有小型及迷你蒸汽機車運轉的驚人陣容，立刻竄升成日本占地最廣的鐵道博物館——碓冰峠鐵道文化村。這裡有許多前所未有的公共設施及鐵道展覽的設計理念，讓參觀者一進入這裡，就可以體驗日本版「舊山線」的重生，回首信越線歷經三代的故事。

如今碓冰峠鐵道文化村，保存一段舊信越線約300公尺長的坡度鐵道，將當年的補機EF63實際動態運轉，讓付費的民眾上駕駛座親身體驗。舊車庫陳置昔日登山鐵道專用的ABt式齒軌電車ED42，以及專用補機EF62及EF63。為了提高遊客的體驗，園區還有一部軌距610mm的輕便鐵道蒸汽機車，牽引兩節Torokko Train客車，運行長約800公尺的鐵道。

❷ 讓付費的民眾坐上駕駛座親身體驗，EF63電力機車動態運轉。
❸ 保存於橫川碓冰峠鐵道文化村，戶外展示區的各式車輛。
❹ 該館保存2.6公里的舊路線，明治時期的丸山變電所站。

展示館內有著豐富的歷史文物資料，敘述1893年起開拓碓冰峠的舊山線傳奇，提供民眾步道指引地圖，如何前往舊山線觀看昔日的遺跡名景。現今還有一條2.6公里的保存路線，可以搭乘Torokko Train，從碓冰峠鐵道文化村站經丸山變電所站，抵達碓冰峠之森公園交流館「峠之湯」站，將鐵道觀光與文化保存的理念，緊密結合發揮到極致！這裡也是日本極少數鐵道博物館中有連結至博物館的鐵道，讓十二項統計分析指標達到滿分的場所。

名古屋 博物館明治村

火車軌距	1067mm
啟用年分	1965 年
分類屬性	地方鐵道博物館

「博物館明治村」位於日本本州中部的愛知縣名古屋，於西元 1965 年 3 月 18 日開館，早於京都梅小路蒸汽機關車館的設立時間 1972 年。博物館明治村的創立，為明治時代（1868～1912 年）的歷史文物集中展示區。例如明治村的入園門口，就是一間明治時期的高校門口，還有明治村的房舍，明治時期的京都路面電車與火車等。

雖然博物館明治村裡面的展示文物，並非專為鐵道保存而設，但是卻有許多明治時期重要的鐵道紀念物。例如 1912 年製的 9 號蒸汽火車，1874 年製的 12 號蒸汽火車，舊式木造客車等動態保存，明治天皇御料車，工藤式蒸汽動車 6401 號（台鐵行駛舊淡水線的 ST10 型）靜態保存，鐵道文物如此的豐盛，台灣遊客很容易在此地尋找到日治時期台灣的鐵道記憶。

博物館明治村最為特別的體驗，就是蒸汽火車在鐵道上的動態運行，親身體驗懷舊之旅。9 號及 12 號蒸汽火車，都是實地牽引明治時期的木造客車。遊客從村內的東京站上車，至名古屋站約 774 公尺的鐵道，蒸汽火車開上人工的轉車台掉頭轉向，與明治時期的作業方式相同。其中 12 號

❶ 明治村動態保存運行的 12 號蒸汽機車，開上轉車台，以人工掉頭轉向。

❷ 博物館明治村的入園門口，是將一間高校的門口移置過來。

蒸汽火車，為 1874 年英國製，與國立台灣博物館保存、1872 年英國製的 9 號機車，都是明治時期開業之初的蒸汽機車，只是 9 號機車在台灣縱貫線修築之初，就被運用送到台灣使用，最後在台灣安養天年。如今 12 號蒸汽火車可以動態保存，相較於台灣博物館的台鐵 9 號機車只能靜靜的於公園陳列，命運實在有天壤之別。

博物館明治村的蒸汽火車，每個月 1 ～ 15 日由 12 號蒸汽火車運行，16 日至月底，由 9 號蒸汽火車運行，尤其是蒸汽機車出發後，還會行經紅磚拱橋，更不禁令人懷想起，1908 年起台灣舊山線的歲月。

❸ 明治時期，京都的路面電車，動態保存。
❹ 博物館明治村的房舍，保存明治時期的風格，並以骨董級的遊園巴士接駁。

日本 0 系 100 系新幹線的保存車，
今日陳列於磁浮列車鐵道館。

第 ⑥ 章　亞洲地區　日本鐵道博物館案例
Japanese Railway Museum

名古屋　磁浮列車鐵道館
SCMAGLEV and Railway Park

名古屋
磁浮列車鐵道館

火車軌距	1067mm
啟用年分	2011 年
分類屬性	鐵道事業體附設博物館

　　1964 年 10 月 1 日，日本東京至新大阪間的東海道新幹線通車，當時以最高營運時速 210 公里，成為全球第一個高速鐵路系統。由於新幹線所締造的營運佳績與經驗，不但扭轉了全球鐵路運輸走向夕陽產業的命運，更為地球創造一個前所未有的交通工具新品牌。由於日本鐵路的原有路線（在來線）軌距為 1067mm，彎道與坡度對速度限制較多，所以鐵路高速化的方法，便是選擇新建 1435mm 標準軌的客運專用線，有別於舊有路線「在來線」，故名曰「新幹線」。

　　不過，隨著 1987 年日本國鐵民營化，日本國鐵分割成六家鐵路客運公司，這段新幹線的輝煌歷史，就歸在 JR 東海。緊接著由於東京至大阪的中央新幹線，磁浮列車 Maglev 開始興建，預計 2027 年通車至名古屋，屆時將以最高營運時速 500 公里再次刷新世界紀錄。

　　從新幹線到磁浮列車，東京至新大阪間，都是世界紀錄的舞台，都在 JR 東海的範圍。2011 年就以鐵道的速度超越為主軸，JR 東海開設自己的鐵道博物館，命名為磁浮列車鐵道館（SC Linear and railway park），2011 年 3 月 14 日開幕。

　　在這個以鐵道速度為主軸的博物館，有許多速度的締造者典藏於此，例如典藏的日本 C6217 的蒸汽機車，曾經在 1954 年創下時速 129 km/h，1067mm 軌距蒸汽機車最快的

❶ 博物館展示關於 1964 年新幹線誕生的歷史，0 系新幹線的模型。

❷ JR 東海鐵道博物館展示東海道新幹線的模型。

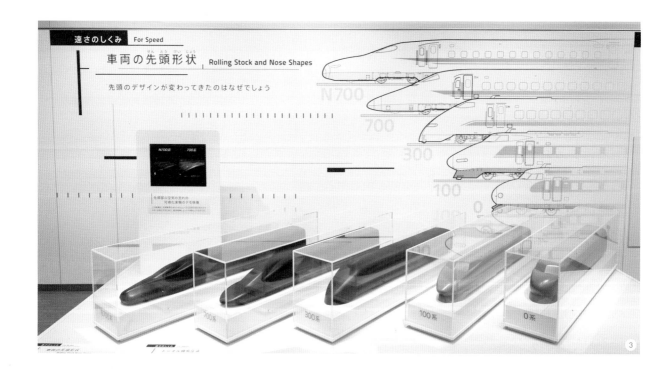

先頭のデザインが変わってきたのはなぜでしょう

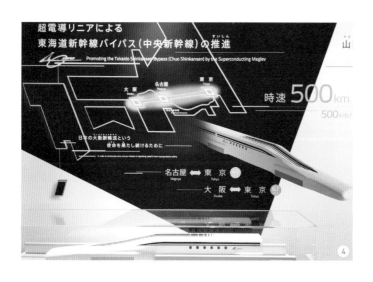

❸ 日本新幹線的速度發展史,從 0 系到 N700 系的車頭變化。

❹ 日本的磁浮列車 L0 系模型,與中央新幹線的未來展示圖。

紀錄;此外,對於日本新幹線而言,自 1989 年起,營運時速落後法國 TGV-A,是件十分痛苦的事,1996 年 7 月 26 日,JR 東海的試驗車 300X,再次以時速 443 公里,創造日本新幹線最快的速度紀錄,也讓日本士氣大振!因此,300X 當然就被典藏在這個博物館。日本新幹線的速度發展史,從 0 系到 N700 系,從時速 210 公里到 300 公里,如何對抗隧道內微氣壓波,新幹線的車頭變化歷程,都用模型解說來呈現。

總之,這是一個以鐵道速度為主軸的博物館。跳脫傳統的輪軌鐵道領域,在磁浮列車的世界,2003 年日本的 MLX-901,創下世界紀錄 581 km/h,這台世界紀錄車,也被典藏在這裡。隨後,2015 年 4 月 21 日,日本山梨磁浮試驗線 L0 系,再次刷新世界紀錄 603 km/h,也在這個博物館被大肆宣揚。這真的是一個充滿速度感的鐵道博物館。

京都　京都鐵道博物館

火車軌距	1067mm
啟用年分	2016 年
分類屬性	鐵道事業體附設博物館

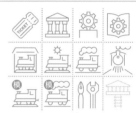

　　提到京都鐵道博物館的前身，不得不先提目前已歇業的大阪交通科學博物館以及知名的梅小路蒸汽機關車館，這是日本鐵道文化保存最經典的實例。

　　大阪交通科學博物館於 1962 年，日本鐵道開業九十週年時誕生，是日本國鐵時代成立的第二座鐵道博物館。大阪交通科學館有許多特色，例如館內設置新穎，窗明几淨具現代感，更有許多動手操作的自動展示設施，同時無論是號誌、電力系統、鐵道模型都令人耳目一新。最令人訝異的是竟然實物保存日本磁浮 ML-500 試驗車，並有模擬系統可動手操作體驗，十足的科技現代感，讓交通「科學」博物館的科學兩字恰如其分。由於館外有較大的戶外展示地，所以陳設較多的實物車輛：包含 5 部蒸汽機車，3 部柴油機車及 1 部電力機車，館內外還有另外其他車輛共有 15 部。

　　而梅小路蒸汽機關車館入口建於 1904 年，原本為京都的舊二條站，展示的梅小路扇形車庫則興建於 1914 年，原本為京都車站的機車調度場所，比台灣的彰化扇形車庫1922年還要早。1972 年，配合日本鐵道開業一百週年，博物館將扇形車庫第 8 股至第 20 股開闢成展示場，並在車庫後方成立室內文物展覽館，同年 10 月 10 日正式開館。尤其館藏 18 部蒸汽火車（不含新加入的其他車種）的龐大陣容，更是傲視全日本其他各館，舉國望其項背的。

　　其中有 7 部為動態保存，包含

❶ 1972 年京都蒸汽機關車館開業，利用原本的扇形車庫做為鐵道博物館。

❷ 京都鐵道博物館的模型，蒸汽機關車就在轉車台中間。

8630、B2010、C571、C56160、C612、C622 與 D51200。 以 C571 行駛山口線，以及 C56160 行駛北陸本線最負盛名，經常性的離館出外運行展示，冬季會回館保養整修。在扇形車庫旁邊設有一股 500 公尺的展示線，民眾可親自體驗搭乘「火車」的樂趣。另外在清晨與黃昏，博物館運行的開始與結束，蒸汽機車會開上轉車台，鳴笛揮手向大家致意。並有蒸汽火車在站內運行表演，不只是看得到還搭得到，讓孩子的期待無限滿足。

無可諱言，利用扇形車庫現有運轉設施改作鐵道博物館，可說是最經濟有效的方式，既不需多花金錢購地建築，亦可達到保存舊有鐵道建築的效益，而京都梅小路是連車庫本身都保留下來，更具有歷史意義。由於梅小路蒸汽機關車館是在 1972 年 JNR 國鐵時代完成，而國鐵蒸汽機車卻是在 1976 年才全部退出舞台，等於是洞燭機先，將重要的文化資產加以保存。1987 年 JNR 國鐵民營化，JR 西日本接手梅小路蒸汽機關車館，這也是 JR 西日本蒸汽機車動態保存最多的原因。因此，JR 西日本擁有比其他家 JR 鐵路公司，擁有更多蒸汽機車復活運行的文化資本，不過外出運行仍以 C571 以及 C56160 兩部為主。

隨著 2007 年 JR 東日本大宮鐵道博物館的開幕，JR 西日本的梅小路蒸汽機關車館，面臨很大的挑戰。於是大阪交通科學博物館在 2014 年 4 月 6 日閉館，隨後梅小路蒸汽機關車館在 2015 年 8 月 30 日閉館，JR 西日本將兩館的資源重新整合，增建一棟新的博物館建築，以京都鐵道博物館之名，於 2016 年 4 月 29 日重新開館。

❸ 8630 蒸汽機車屬於 8620 型，台鐵 CT150 型，在這裡牽引遊園車動態保存。
❹ 建於 1904 年，原本京都的舊二條站，成為京都蒸汽機關車館的入口。

門司港 九州鐵道紀念館

火車軌距	1067mm
啟用年分	2003 年
分類屬性	鐵道事業體附設博物館

　　九州鐵道開通於 1892 年。當初最早的鹿兒島本線，起點便位於門司港站，1915 年遷移到西側的位置。2003 年 JR 九州鐵道紀念館於正式開館，館址就選在門司港站外，但回到原先的鐵道起點，並將 1892 年的九州鐵道本社的紅磚建築，改建成室內展示館。今日旅客搭乘 JR 鹿兒島本線，在「門司港」站下車後徒步 10 分即可抵達。

　　九州鐵道紀念館從入口處，就展示著許多令人懷念的各種蒸汽火車和車廂，包含蒸汽機車 9600 型（59634）、C59 型（C591）、電力機車 EF1035、ED72 等。館內重現明治時期的鐵道景觀，木造客車與旅客蠟像，以及各種鐵道相關的紀念物與相片。日本鐵道博物館內不可或缺的就是鐵道模型，裡面的場

❶ 門司港的九州鐵道紀念館入口。
❷ 日本鐵道博物館保存數目很少的 C59 型蒸汽機車 C591。

景是以九州地區為主的 HO Gauge，雖然是 2003 年開幕，但連 2004 年開業的九州 800 系都已經提早上演了。館外還鋪設了小型鐵道公園，130 公尺長的鐵軌，可自行駕駛體驗迷你電車，並可搭乘三人，非常適合親子同樂。

門司港站原本即是鐵道的經典建築，隨著 2003 年九州鐵道紀念館的開業，2009 年又加入門司港站 Torokko 觀光列車運行，多了這條動態保存路線，也為這個博物館加分，讓門司港更有觀光價值。

❸ 九州鐵道紀念館內，明治時期的木造客車，當時的小販與旅客蠟像。
❹ 從 2009 年起，門司港站 Torokko 觀光列車運行，為這個博物館加分。

第 7 章

土耳其塞爾柱蒸汽火車鐵道博物館，典藏著
一批非常壯觀的蒸汽機車群。

世界其他

RAILWAY MUSEUM OF THE OTHER NATION

地　區　的

鐵道博物館

世界其他地區的
鐵道博物館

① 中國遼寧省調兵山鐵煤蒸汽機車博物館，展示典藏的蒸汽機車。
② 美國巴爾的摩與俄亥俄鐵道博物館（B&O Railway Museum），展示古老的直立鍋爐蒸汽機車。

　　在這個單元中，我們跨出歐洲，來到亞洲、美洲、大洋洲。除了日本與中國外，不少國家是公路汽車比鐵道火車發達，出門遠行未必會搭火車，這使得鐵路公司為了求生，企業化的比例偏高。因此這些地區的鐵道博物館就呈現出非常強烈的地方色彩：第一類與第二類博物館偏少，以第三類與第四類居多，例如印尼、印度、澳大利亞的鐵道博物館就有不少附屬於鐵道公司，或是 NGO 保存鐵道組織與保存鐵道的博物館。但是美國、加拿大因土地幅員廣大、歷史悠久，還是有國家級鐵道博物館。

　　至於對岸中國的鐵道博物館版圖亦不能忽略，從第一類到第四類，也樣樣俱備。第一類的國家級鐵道博物館，是北京中國鐵道博物館東郊館，以典藏全中國鐵道重要車輛為目標；第二類的博物館代表為「上海磁浮交通科技館」，目前是上海市科普教育基地；第三類的博物館，以瀋陽的鐵路陳列館為代表，收藏了許多日本南滿鐵道與滿州國時期的老火車；第四類的地方鐵道博物館，如四川省嘉陽小火車所經營的蜜蜂岩科普體驗基地，遼寧省鐵煤集團所經營的調兵山鐵煤蒸汽機車博物館等，都值得一看。

　　透過這些實例，我們看到其他國家鐵道博物館的發展、鐵道文化的脈絡，這將會帶領我們打開全球鐵道博物館的新視野，了解博物館經營分級，資源分類的重要性，繼而思考台灣鐵道博物館的建置與未來，是台灣建立鐵道博物館群的重要借鏡。

EASTERN SUBURBS MUSEUM

中國 中國鐵道 博物館 東郊館

火車軌距	1435mm、1000mm、600mm
啟用年分	2002 年
分類屬性	國家級鐵道博物館

❸ 博物館裡面展示中國鐵道史上各款重要的蒸汽火車，以 1435mm 軌距為主。

中國鐵道博物館北京的東郊館，前身是於 1978 年成立的鐵道部科學技術館，負責中國鐵路建設、歷史文物的蒐藏與展示工作。然而，鐵道部科學技術館並無正式的館址。1991 年 6 月，鐵道部計畫籌備中國鐵道博物館，館址選在「鐵道部科學研究院」實驗基地附近。1993 年 3 月，鐵道部科學技術館由鐵道科學研究院代管。2000 年開始，鐵道部籌畫建立國家級的鐵道博物館，收集了大量的鐵路文物史料，2002 年 11 月 2 日，中國鐵道博物館正式啟用。後來分成三個館，東郊館、正陽門館、詹天佑紀念館，原有館址定名為東郊館。

其中，東郊館為主館，主體包括機車車輛展廳、綜合展廳和鐵路專題展廳。館內除有關中國鐵路歷史展覽外，還設有機車車輛陳列廳，陳列廳建築面積達 16500 平方公尺，廳內有 8 條展示線路，可以同時展出。館藏有 80 ～ 90 輛鐵路機車車輛，包括歷代鐵路機車、客車等。基本上，中國鐵道史上曾經出現的

重要車種，從蒸汽機車、柴油機車
到電力機車，在這個鐵道博物館幾
乎都可以找到。此外，鐵道博物館
外面有鐵道車輛實際運行，還是中
國鐵道實驗基地的高速「環形鐵
道」試驗線，中國的各種高速列
車，在此地完成試車，才會開始交
付營運。

　　中國鐵道博物館的館藏十分精
采，主要有現今收藏最古老，使用
於唐胥鐵路的 1881 年蒸汽機車 0

號。還有中國鐵路不同歷史時期的機車車輛近 60 台，
有以革命領袖的名字命名，包含朱德號與毛澤東號的
蒸汽機車，具有政治意義，以及中國重要工業用的前
進型蒸汽機車 0001 號、也有英、美、日、俄、比利
時等國製造的蒸汽機車。此外，另有中國自行設計

❶ 中國鐵道史上重要的柴油機車與電力機車。
❷ 北京鐵道博物館的入口外觀。

製造，中國第一代「東風」型內燃機車和韶山1型電力機車，以及不同種類的鐵路硬坐車、臥車、餐車、行李及貨車等。

雖然中國鐵道博物館的展示車輛，主要是以標準軌距1435mm類型居多，但也有少數的窄軌火車，例如KD55蒸汽機車是日本9600型，縮小軌距的1000mm軌距版，個碧石鐵路的SN型小火車，是最窄的600mm軌距，而日本9600型也是台鐵的DT580型蒸汽機車，成為海峽兩岸共同使用的蒸汽機車。這些展品充分反映了中國鐵路發展的艱苦歷程，這些都是從無到有，從落後到現代，中國鐵路歷史發展的光輝見證。

❸ 北京鐵道博物館的朱德號與毛澤東號蒸汽機車。

❹ 窄軌火車展示區，前面是個碧石鐵路的SN型蒸汽機車，最窄的600mm軌距。後面是1000mm軌距的KD55型蒸汽機車。

ZHENGYANGMEN MUSEUM

中國 中國鐵道博物館 正陽門館

火車軌距	1435mm
啟用年分	2010 年
分類屬性	國家級鐵道博物館

中國鐵道博物館在北京地區有三個館，東郊館、正陽門館、詹天佑紀念館，其中正陽門館是規模最小，卻最具意義的鐵道歷史建築。在二十世紀初葉，它就是老北京火車站，又稱前門火車站，位置剛好就在天安門廣場東南，正陽門以東，故名正陽門東車站。

正陽門東車站由英國人所修建，1906 年完工，是京奉鐵路（北京到瀋陽）的起點。1906 年，法國人修建北京另一座火車站，正陽門西車站，成為京漢鐵路（北京到漢口）的起點，兩座火車站東西相對，頗有英法勢均力敵的意味。1906 年 4 月 1 日京漢鐵路通車，正陽門西站啟用；1911 年 8 月京奉鐵路全線通車，正陽門東車站啟用，1914 年 1 月與南滿鐵路接軌。從此，北京正陽門前的火車站，見證許多中國歷史的大事件，包含革命、北伐、日本侵華等，一直是北京最大的火車站和重要的交通樞紐。

1949 年新中國成立，正陽門西車站荒廢，1958 年時拆除。正陽門東車站，擔任北京車站的角色，1959 年新的北京站完工，還好建築被保留下來，並改做其他用途。正陽門東車站從原本英國紅白相間的色調，改為綠白相間，一度變為老車站商城，2001 年該車站被登錄歷史建築。直到 2010 年 10

❶ 中國鐵道博物館的正陽門館，昔日在荒廢後，改作為老車站商城使用，英國建造的歐式建築的鐘樓實在很漂亮！

❷ 正陽門館在二十世紀初葉，為京奉鐵路時期北京車站的老照片。（照片來源：維基百科）

月 23 日，正陽門東車站又再次變更身分，以中國鐵道博物館「正陽門館」為名開館。

中國鐵道博物館正陽門館，其歐式建築物本身即是參觀亮點，很值得仔細端詳。館內東西不多，沒有實體火車，只有以歷史文件與鐵道模型為主。不過，百年前正陽門東車站裡的月台雨棚，如今被完整保存在博物館內。主要的展覽內容為「中國鐵路發展史」。以五個部分的階段劃分展覽命題：

· 第一部分：（1876 ～ 1911）蹣跚起步的中國鐵路
· 第二部分：（1911 ～ 1949）步履維艱的中國鐵路
· 第三部分：（1949 ～ 1978）奮發圖強的中國鐵路
· 第四部分：（1978 ～ 2002）長足發展的中國鐵路
· 第五部分：（2002 ～至今）科學發展的中國鐵路

❸ 百年前正陽門東車站裡的第一月台雨棚，如今完整保存在博物館內。
❹ 鐵道博物館門口，館內展示蒸汽機車的動輪結構。

遙想過去，當時 1906 年的北京火車站──正陽門東車站如今已經變成鐵道博物館，同一時期，正陽門西車站卻被拆除。還好昔日京漢鐵路上法國建造的「大智門」火車站（現今的漢口火車站）建築物還保留著，只可惜還沒成為博物館。當年的北京火車站與漢口火車站，同屬歐式建築，前者由英國建造，後者是法國建造，有著異曲同工之妙。希望漢口老車站這棟建築能變成博物館，這條路能夠繼續延續下去。

中國 中國鐵道博物館 詹天佑紀念館

火車軌距	1435mm
啟用年分	1987 年
分類屬性	國家級鐵道博物館

詹天佑紀念館，是為了紀念中國鐵道之父詹天佑而設立的。他是中國鐵道史上的頭號傳奇人物。1861 年 4 月 26 日生，字達朝，號眷誠，祖籍徽州婺源（今江西省）。1878 年成為留學生，進入美國耶魯大學，修讀土木工程和鐵路，1881 年學成歸國。1904 年，滿清政府欲興建連接北京與關外的鐵路，計畫之初英國與俄國都想派工程師爭取主導權，最後中國決定自己興建，指派詹天佑擔任總工程師，這就是中國清代最有名的京張鐵路。

這條路線最困難的一段，是從南口至八達嶺長城一帶的「關溝段」，不僅地勢險峻，坡度亦大。然而詹天佑從他親身勘察的三條選線中，選擇出建造成本最低的一條，於 1905 年 9 月 4 日開工，只花四年時間，1909 年 8 月 11 日京張鐵路就完工，10 月 2 日通車。詹天佑設計以 Z 字形路線爬升，成功的克服了八達嶺的險峻坡度，解決開鑿長隧道的難題，詹天佑當年的巧思，讓這條鐵路聲名大噪，也讓中國人找回自行修築鐵路的自信與驕傲。

❶ 中國鐵道博物館，詹天佑紀念館的外觀。
❷ 紀念館內詹天佑的銅像，與 1861 ～ 1919 的紀念碑。

1919 年 4 月 24 日，詹天佑逝世，享年 59 歲。1922 年青龍橋火車站豎立詹天佑銅像。1982 年 5 月 20 日，中華人民共和國鐵道部將詹天佑與其妻譚菊珍，從北京海淀區萬泉莊，遷葬於京張鐵路青龍橋火車站站房右側。1987 年，建成了詹天佑紀念館，後來這個紀念館又變成中國鐵道博物館的分館。

2008 年 8 月北京奧運開辦時，京張鐵路通車將近百年，京張鐵路與萬里長城成為觀光勝地，中國順勢推出最新的推拉式柴油動車組「和諧長城號 NDJ3 型」往返於長城和北京北站，旅客只要從北京北站搭乘列車，即可到八達嶺參觀詹天佑紀念館。紀念館內有詹天佑的銅像、還有許多他的生前的照片與功業史蹟，以及京張鐵路中最著名的之字形鐵路折返，以鐵道模型動態展演呈現。這個博物館是了解詹天佑一生貢獻必去的景點。

雖然，詹天佑當年所興建的鐵路至今已有百年歷史，但依然動態保存著，目前的和諧號長城號是屬於內燃動車組列車。旅客搭乘至青龍橋站即可實地體驗之字形的折返，並瞻仰詹天佑的銅像。我想，搭乘詹天佑興建的京張鐵路，參觀詹天佑紀念館，這個博物館與鐵路的結合，成為最佳的動態保存體驗。

2008 年不僅啟用了和諧長城號，同一時間也是京津高速鐵路 CRH2C 與 CRH3C 和諧號動車組的啟用，中國的高山鐵路與高速鐵路發展，兩者並無偏廢。詹天佑希望中國的鐵道能躍居國際，等了一百年，終於圓夢！

❸ 京張鐵路的八達嶺隧道口，以模型復刻還原，注意隧道的題圖是繁體中文。

❹ 著名的之字形鐵路折返，穿越萬里長城，館內鐵道模型，以動態展演呈現。

SHENYANG RAILWAY MUSEUM

中國 瀋陽鐵路陳列館

火車軌距	1435mm
啟用年分	2010 年
分類屬性	國家級鐵道博物館

❶ 館內陳設非常整潔漂亮,展示中國的內燃機車群與動力進化史。

　　瀋陽鐵路陳列館就位於瀋陽鐵路局蘇家屯火車站的外面,不過該博物館並不對一般民眾開放,入館必須通過團體預約申請許可,以鐵道相關職業人士為主,設有導覽人員,服務免費。

　　這個博物館的典藏內容非常豐富,僅次於中國鐵道博物館東郊館,是中國第二大鐵道博物館,也是屬於國家級的鐵道博物館。該館在正式成立之前,曾經是位於原棋盤山植物園,瀋陽蘇家屯蒸汽機車陳列館,當時展出了 15 台蒸汽機車。2005 年博物館搬遷,在鐵西森林公園內建起新的展館,2009 年,該館再次搬遷到蘇家屯區,2010 年 10 月 18 日,以瀋陽鐵路陳列館重新開放。

　　瀋陽鐵路陳列館的外面有巨大的火車意象圖騰,以 S 代表「瀋」字,I 代表「鐵軌」的斷面,時鐘是蒸汽機車的煙室門,時刻代表第一部瀋陽高鐵動車組通

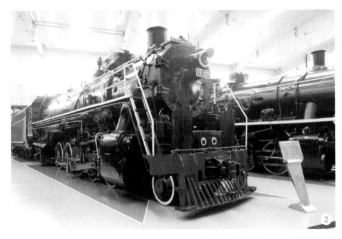

車時間，五個火車的動輪組，是從舊型「前進型」蒸汽機車所拆下來的，代表承先啟後，前進不息。

　　不同於有些鐵道博物館是用舊車庫改建，瀋陽鐵路陳列館是嶄新的建築，明亮的空間，展示 29 部機車群，陳列的非常整潔漂亮，偌大的空間，建立成一排中國的蒸汽機車、內燃機車、電力機車的鐵道進化史，連最新的高鐵動車 CRH3C 都有陳列。此外也有軌道轉轍器、鋼軌與 1908 年的臂木式號誌，以做為科學展示與鐵道相關人士教學之用。

　　瀋陽鐵路陳列館門口，還有兩部蒸汽機車展示，人民型 RM1247 蒸汽機車與前進型 QJ1043 蒸汽機車。館內收藏許多南滿鐵道與滿州國時期的蒸汽火車，尤其是 SL 勝利型 4-6-2 蒸汽機車，滿鐵時代亞細亞號機車，流線型 PaShiNa，為當年亞洲速度最快的蒸汽火車，為鎮館之寶。其他如 1907 年美國的蒸汽機車，前蘇聯進口的 FD 型蒸汽機車，這些珍貴的老火車，是其他博物館所少有的。

❷ 瀋陽鐵路陳列館內有許多珍貴的老火車，前蘇聯進口的 FD 型蒸汽機車。

❸ 館內偌大的空間，陳列最新的高鐵動車 CRH3C，也有軌道轉轍器與號誌，以做為科學教育之用。

❹ 瀋陽鐵路陳列館的外觀，與人民型蒸汽機車 RM1247 號。

YUNNAN RAILWAY MUSEUM

中國 雲南鐵道博物館

火車軌距	1435mm、米軌 1000mm、寸軌 600mm
啟用年分	2004 年
分類屬性	鐵道事業體服社博物館

　　雲南鐵道博物館原本位於昆明北站，這裡是滇越鐵路歷史資料展示館，占地 3176 平方公尺，2004 年開館，該博物館外面，即是米軌的實體鐵路——昆河線鐵路。另外有一個窄軌機車車輛館，在昆明北站旁邊不遠處。這裡是中國鐵路唯一以米軌 1000mm 為主的鐵道博物館，其重要地位，不言可喻。

　　窄軌機車車輛館，舊車庫改造的展示空間，展示滇越鐵路的老火車與上萬件珍貴文物。例如該博物館的鎮館之寶，就是滇越鐵路傳說中的米其林動車。此外，滇越鐵路 KD55 型 583 號蒸汽機車，就是日本 9600 型的米軌版，同時也是台鐵的 DT580 型，這是海峽兩岸共同的蒸汽火車，不可錯過，還有雲南鐵路的個碧石鐵路，寸軌 600mm 的 SN 型蒸汽小火車。由於 1000mm 米軌是中南半島所共同使用的

❶ 雲南鐵道博物館的外觀，注意其下方註明文字，窄軌機車車輛館。

❷ 這是原本位於昆明北站的雲南鐵道博物館，當時的歷史資料展示館。

軌距，火車鐵道可相通，所以在該館裡面，還有緬甸贈送的蒸汽機車與客車，以資國際交流。

後來，雲南鐵道博物館重新整合窄軌機車車輛館，2014年5月18日，博物館重新對外開放。新的雲南鐵道博物館，跨越運行中的昆明北火車站三條股道，成為是車站裡面的博物館，博物館裡面的車站，收藏了雲南鐵路准軌1435mm、米軌1000mm、寸軌600mm三種軌距的火車。這是相當精采的珍貴的典藏。

❸ 這裡是中國鐵路唯一的米軌鐵道博物館，展示緬甸的蒸汽機車與客車。

❹ 該博物館外面即是米軌的鐵路，有鐵道車輛的實際運行，昆河線鐵路的火車，自昆明北站開出。

韓國 首爾鐵道博物館

火車軌距	1435mm、762mm
啟用年分	1998 年
分類屬性	國家級鐵道博物館

位於韓國首爾的韓國鐵道博物館，就在義王火車站外面，是一間占地廣大，典藏豐富的國家級鐵道博物館，1998 年開館迄今。因為當年韓國還沒有去漢字化，所以鐵道博物館的招牌非常難得還保留原始的繁體漢字。博物館裡面有著豐富的火車典藏，訴說關於韓國鐵道的歷史故事。

韓國全名為大韓民國，歷史上的韓國原本與中國關係密切，由於受到中國 1881 年鐵路誕生的影響，韓國的鐵道為標準軌 1435mm，第一條鐵路誕生於 1899 年，從首爾到仁川，最初為 33 公里。1906 年，韓國進入日本統治的時代，繼續延伸鐵道路網，由於是標準軌，經由北韓穿越鴨綠江可以銜接中國，鐵道總里程約 3100 多公里，後來二戰之後，1948 年之後分成南北韓，各自成立新政權。韓國鐵道在日本統治的時代，不同時期的名稱如下：

· 1906 ～ 1909：National Railway（統監府鐵道，Tōkan-fu Tetsudō）

· 1909 ～ 1910：Korea Railway（韓國鐵道，Kankoku Tetsudō）

· 1910 ～ 1917：Chosen Government Railway（朝鮮總督府鐵道，Chōsen Sōtokufu Tetsudō）

· 1917 ～ 1925：South Manchuria Rail-way（南滿州鐵道，Minami-Manshū Tetsudō）

· 1925 ～ 1945：Chosen Government Railway（朝鮮總督府鐵道，Chōsen Sōtokufu Tetsudō）

由此可知，韓國鐵道博物館擁

① 韓國首爾鐵道博物館的招牌，還保留繁體漢字，非常難得。

② 博物館主場館的中間以蒸汽機車為主體，後方的展板為 KTX 韓國高鐵。

③ 舊水仁線的蒸汽機車 13 號，是 762mm 軌距的火車。

④ 博物館有鐵道模型運轉，後方高架橋為韓國高鐵 KTX。

⑤ 台鐵東線鐵路的 LDT103 蒸汽機車，與韓國的舊水仁線都是日本製造。

有許多日本製的火車，而且是日本國土所見不到的 1435mm 標準軌版火車，包含南滿州鐵道的火車，十分珍貴。鐵道博物館門口放的蒸汽火車，就是一台朝鮮總督府鐵道 Mikasa 型 3-161 蒸汽機車，也是中國鐵路解放 9 型蒸汽機車，這都與日本南滿州鐵道有關。由於在日本統治的時代，韓國舊水仁線是 762mm 軌距，所以也保存 13 號蒸汽機車，這是與台灣舊東線 LDT 103 相同的火車。

今日鐵路電氣化里程約 800 多公里，仍在陸續建設中。2004 年 4 月 1 日韓國高鐵 KTX 通車，韓國可以利用舊有路線為標準軌距，搭配高速新線，完成高鐵的建設。因此鐵道博物館的主場館，中間以復刻版的蒸汽機車為主體，後方的展板為最新的 KTX 高鐵，代表著韓國鐵道新舊傳承。

ULAANBAATAR STEAM LOCOMOTIVE MUSEUM

蒙古 烏蘭巴托火車博物館

火車軌距	1520mm
啟用年分	不詳
分類屬性	國家級鐵道博物館

　　蒙古的烏蘭巴托蒸汽火車博物館，座落在烏蘭巴托（Ullanbaatar）的大街上，離烏蘭巴托火車站不遠，步行就可以抵達。開放的露天火車廣場，火車五顏六色，從博物館前方的陸橋就可以一覽無遺。

　　蒙古位於俄羅斯南邊與中國北邊的交界，歷史上曾經是中國的一部分，後來 1992 年實施新憲法成立國家。蒙古第一條鐵路誕生於 1938 年，從烏蘭巴托到納來哈（Nalayh）之間 43 公里的礦場鐵路，軌距為 750mm。受到俄羅斯變成蘇聯與中國內戰革命的影響，從 1949 年開始進行大規模的鐵路建設，主要幹線為烏蘭巴托連接中國邊境的二連浩特，以及連接俄羅斯的蘇赫巴托。今日蒙古的鐵道總里程為 1810 公里，全部為柴油動力，蒙古鐵路採取跟俄羅斯相同的寬軌，連當初第一條鐵路的軌距，也同步修改為

❶ 蒙古烏蘭巴托火車博物館，就座落在大街上，從前方陸橋就一覽無遺。

❷ 俄國製 Cy 型蒸汽機車，因為是 1520mm 寬軌距，可以與俄羅斯鐵道互通。

❸ 兩款經典的蒙古柴油機車，藍色的是來自美國 ALCO 技術，TEM1 型柴油機車，綠色的是來自匈牙利技術的 2M62M 型柴油機車，都是 1520mm 寬軌距版。

❹ 烏蘭巴托火車博物館的入口，兩隻白馬是蒙古鐵路局的標誌。

1520mm。因為這樣的緣故，這個博物館就是個 1520mm 俄羅斯寬軌火車博物館。

欣賞烏蘭巴托蒸汽火車博物館的火車，可以感受濃濃的俄羅斯風情。而且雖然名為蒸汽火車博物館，但是除了蒸汽火車，還有很多經典的柴油機車，例如俄羅斯製的 TEM1 型柴油機車，以及廣泛用於鐵幕世界國家，匈牙利技術的 2M62 型柴油機車等。

可惜，雖然是國家級的鐵道博物館，卻只有戶外鐵道車輛展示，也沒有網站，鐵道的教育資源不足，這就是國情殊異所造成的文化差異。

ÇAMLIK RAILWAY MUSEUM

土耳其 恰姆勒克蒸汽火車鐵道博物館

火車軌距	1435mm
啟用年分	1997 年
分類屬性	保存鐵道組織的地方鐵道博物館

　　土耳其的恰姆勒克蒸汽火車鐵道博物館，位於伊茲米爾省（Izmir Province）的塞爾柱（Selçuk），是個私人企業所收藏的鐵道博物館，因為面積廣大，蒸汽火車數目眾多，不但是土耳其最大的鐵道博物館，亦是全歐洲最齊全的蒸汽火車博物館之一。

　　博物館的起源，是因為土耳其鐵路從伊茲密爾至艾登的幹線重新調整重建，以至於原有的鐵道路線以及原來的恰姆勒克火車站被廢棄。因此，利用 1866 年起就有的舊鐵道設施，1991 年開始興建博物館，1997年竣工，運用轉車台與輻射形軌道典藏蒸汽火車。

　　博物館典藏一批壯觀的蒸汽機車群，共 32 輛，製造年從 1891 年至 1951 年，最古老的機車由英國史蒂芬森 Stephenson 製造，其中一半都排列在一個 18

❶ 非常壯觀的蒸汽機車群羅列於轉車台旁邊。
❷ 恰姆勒克蒸汽火車鐵道博物館的收費很便宜，門票只需要 2 歐元。

❸ 土耳其鐵道使用二戰時期德國製造的 BR52 型蒸汽機車，保存在這個博物館。

❹ 東方快車事故的主角。TCDD 45171 class 同一等級的蒸汽火車。

❺ 這個博物館的主業是鐵道餐廳，來賓用餐可以逛火車博物館。

❻ 戶外的火車展示場，吸引不少新人來此地拍攝婚紗。

線的轉車台周邊。製造廠 Henschel（8 台）、Maffei（2 台）、Borsig（1 台）、BMAG（2 台）、MBA（1 台）、Krupp（3 台）、Humboldt（1 台）是來自德國蒸汽機車；NOHAB（2 台）來自瑞典蒸汽機車；ČKD（1 台）是來自捷克斯洛伐克蒸汽機車；製造廠 Stephenson（2 台）、North British（1 台）、Beyer Peacock（1 台）是來自英國蒸汽機車；製造廠 Lima Locomotive Works（1 台）、ALCO（1 台）、Vulcan Iron Works（1 台）是來自美國的蒸汽機車；製造廠 Creusot（1 台）、Batignolles（1 台）、Corpet-Louvet（2 台）是來自法國的蒸汽機車，典藏體系十分完整。

在這些蒸汽火車中，以美國製造的 TCDD 45171 Class 的 45501 號蒸汽機車最有故事性，1957 年 10 月 20 日牽引東方快車 Simplon-Orient_Express，在 Yarımburgaz 發生對撞的火車災難，造成 95 名旅客死亡，是土耳其鐵路史上最致命的火車事故。

此外，還有 9 輛客車可供參觀內部，包括兩輛木造客車，Mustafa Kemal Atatürk（1881 ～ 1938）使用的沙龍客車。還有 7 輛貨車，以及許多鐵路的公用設施，如加水塔、轉車台、手搖車和起重機。

不過這個博物館最大的話題，應該是在產權。該博物館的建築物和火車其實都是土耳其國鐵 TCDD 的財產，但當時國鐵並沒有足夠的財源去建立這麼大的鐵道博物館，所以用 OT 的模式（民間機構營運政府投資興建完成之建設，營運期間屆滿後，營運權歸還政府），由 Atilla Mısırlıoğlu 以 99 年租約的特許期去經營，他是在恰姆勒克火車站服務的第一位信號員的兒子呢！

如今博物館的主業是鐵道餐廳，來賓來此用餐，順道逛火車博物館，門票收費低廉。因此，這個博物館就經營模式，是保存鐵道組織的地方鐵道博物館；就規模來說，卻是國家級的鐵道博物館。

土耳其 安卡拉車站 鐵道博物館

火車軌距	1435mm
啟用年分	2014 年
分類屬性	鐵道事業體附設博物館

談到土耳其位於亞洲區的鐵道博物館，首先會令人想到的是首都安卡拉車站旁邊的阿塔圖爾克鐵道博物館（Atatürk's Residence and Railway Museum），以及離火車站不遠的露天蒸汽機車博物館（TCDD Open Air Steam Locomotive Museum），這兩個博物館一小一大，各有優點與可看之處。火車站裡的餐廳背景，就是土耳其蒸汽機車與土耳其最新的高鐵列車。

前面所述的阿塔圖爾克鐵道博物館，又稱安卡拉鐵路歷史博物館，主要是紀念土耳其國父穆斯塔法·凱末爾·阿塔圖爾克（Mustafa Kemal Atatürk）。該間博物館建築建於 1892 年，當時柏林到巴格達鐵路正在建設中，它是安卡拉火車站綜合體的一部分。1919

❶ 這台紀念土耳其國父的客車，把他的照片展示於車窗，供民眾瞻仰。

❷ 主要展覽空間就是昔日總統阿塔圖爾克搭乘過的這部客車。

年 12 月 27 日，阿塔圖爾克首次前往安卡拉，發起了反對占領土耳其的民族運動，於是他搬進了這間鐵路管理大樓，並在土耳其獨立戰爭期間，將這棟建築作為他的住所和總部。為了紀念他的逗留，1964 年 12 月 24 日，這座建築被改建為一座歷史悠久的房屋和鐵道博物館。如今月台上還保存一台他搭過的客車，安卡拉車站裡面的餐廳，就在該鐵道博物館的旁邊。

至於離火車站不遠的露天蒸汽機車博物館，主要是典藏各式土耳其國家鐵路 TCDD 的蒸汽機車。該博物館最初位於安卡拉中央車站附近的公園內，2014 年進行車站擴建工程時，博物館被搬到了靠近 Wonderland Eurasia 的現址。該博物館由 TCDD 土耳其國家鐵路公司營運，同步管理安卡拉鐵路歷史博物館。就行政位階來說，是鐵道事業體附設博物館，就歷史的位階，是國家級鐵道博物館。

❸ 土耳其安卡拉車站鐵道博物館，就位於首都安卡拉站裡面。

❹ 安卡拉車站裡面的餐廳，就在鐵道博物館的旁邊。

❺ 車站裡面的餐廳背景，就是土耳其蒸汽機車與最新的高鐵列車。

印度 德里鐵道博物館

火車軌距	1676mm、1000mm、762mm、610mm
啟用年分	1977 年
分類屬性	國家級鐵道博物館

全世界的鐵道博物館，基本上還是以 1435mm 標準軌體系的居多。而日本的鐵道工業非常發達，拜日本的鐵道實力強大之賜，所以 1067mm 窄軌體系的鐵道博物館也不會寂寞。除此之外，世界上寬軌體系的鐵道博物館，數目就真的很少，因此，身為寬軌 1676mm 體系，而且是全世界最寬軌距的印度德里國

❶ 印度德里鐵道博物館的入口，放著一台早期的蒸汽機車。
❷ 印度大吉嶺蒸汽火車 Toy Train，車軸組態為 0-4-0，軌距為 610mm。
❸ 印度德里鐵道博物館，窄軌 600mm 軌距的 Railcar。

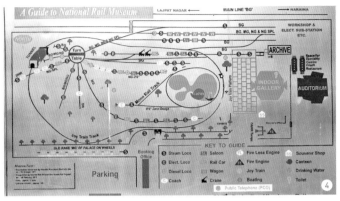

家鐵道博物館，就顯得十分珍貴，此外還可以看到各類印度火車五彩繽紛的顏色。

由於印度原本是為英國的殖民地，沿用英國 National Rail Museum，NRM 的名稱，與英國約克NRM 的名稱重疊。印度的鐵道起源的時間很早，是亞洲最早的鐵路，1853 年從孟買到塔那（Thane）之間通車。印度鐵道的總里程高達63000 多公里，主要的寬軌里程便占有 45000 多公里，在亞洲的規模僅次於中國，可說是一個鐵道規模廣闊的國家。但是直到 1947 年，印度才獨立建國，所以印度鐵道博物館的建置時間，相對的也比較晚。

印度德里的國家鐵道博物館設置於 1977 年，展覽面積高達 4 萬平方公尺，相當的大，除了寬軌的鐵道車輛之外，還有重達 235 噸的大型登山蒸汽機車 BNR Garratt，是該館最大的蒸汽火車。並有極少數的米軌 1000mm、762mm 與 610mm 山區路線的輕便鐵道，多數運行於印度北部，靠近尼泊爾的喜馬拉雅山區。當然最有名的，就是 DHR 大吉嶺喜馬拉雅鐵路的 Toy Train 火車，該鐵路 1999 年被登錄世界文化遺產。印度德里的國家鐵道博物館的鎮館之寶有兩個：一個是 BNR Garratt 登山蒸汽機車，以及全世界最特別的單軌蒸汽火車 Patiala State Monorail，建造於 1907 年，稱為「Ewing System」，號稱世界最奇怪的蒸汽火車呢！

④ 印度德里鐵道博物館的地圖，可看出博物館占地非常寬廣。

⑤ 博物館主場館裡面有豐富的列車銘鈑，與精緻的火車模型。

⑥ 靜態保存於印度德里鐵道博物館，孟加拉那格浦爾鐵路 Garratt4-8-0+0-8-4 蒸汽機車BNR815 號。它的體型真的非常龐大！

第 ⑦ 章　世界其他地區的鐵道博物館
Railway Museum of the Other Nation

印度　加爾各答鐵道博物館
Kolkata Rail Museum, Howrah

加爾各答鐵道博物館的戶外展場，陳列著大量寬軌體系 1676mm 的火車，
中間就是印度製造的第一台寬軌電力機車 WCM-5。

第 ⑦ 章   世界其他地區的鐵道博物館
Railway Museum of the Other Nation   印度 加爾各答鐵道博物館
Kolkata Rail Museum, Howrah   **195**

KOLKATA RAIL MUSEUM, HOWRAH
印度 加爾各答鐵道博物館

　　印度加爾各答鐵道博物館（Kolkata Rail Museum），靠近豪拉火車站（Howrah railway station）。該館成立於 2006 年，主要在展示印度東部鐵路的歷史和文化資產，這個博物館的火車一樣是世界最寬的軌距 1676mm，主要知名典藏品，印度製造的第一台寬軌電力機車 Indian locomotive class WCM-5；1971 年印巴戰爭期間，印軍所繳獲巴基斯坦的 HPS-32 蒸汽機車；以及 Indraprastha，號稱是現存最古老的印度鐵路調車機車。

　　這個博物館訴說著印度的鐵道史，關於 HPS-32 蒸汽機車更是博物館的寶藏。印度與巴基斯坦原本同為英國的殖民地，第一條鐵路誕生於英國殖民時代，二次大戰之後，在甘地的領導下，1947 年印度獨立

火車軌距	1676mm、610mm
啟用年分	2006 年
分類屬性	鐵道事業體附設博物館

❶ 加爾各答鐵道博物館的主場館，是以實體火車為主。

❷ 博物館保存印巴戰爭，繳獲巴基斯坦的蒸汽機車 HPS-32。

建國，巴基斯坦同年獨立。雖然印度鐵道受到英國的影響深厚，卻不採用歐洲的標準軌，而採用與南美殖民地國家如阿根廷和智利相同，世界最寬的軌距 1676mm。印度同時也擁有最長的寬軌里程，成為全世界最著名的寬軌國度。印度與巴基斯坦之間充滿矛盾，但是火車的軌距卻是一樣的，所以才能把巴基斯坦的蒸汽機車，開到加爾各答這麼遠的地方典藏。

❸ 主場館陳列許多古老火車的照片，上方一列就是以瓦特發明蒸汽機開始的英國鐵道史。
❹ 本館的鎮館之寶，最重要的一部蒸汽機車 3403 號。

博物館裡面還有一些古董的蒸汽火車與客車，包含一台 DHR 大吉嶺喜馬拉雅鐵路的 Toy Train，610mm 軌距火車等。因為屬於印度的鐵路公司，故歸類於鐵道事業體附設博物館。

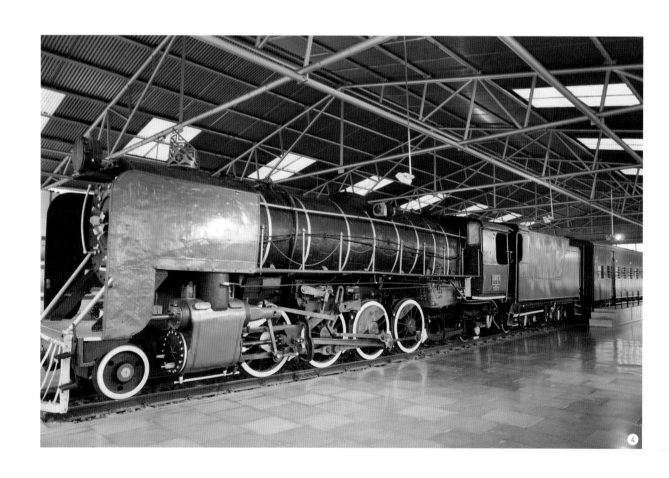

印尼 安巴拉哇鐵道博物館

火車軌距	1435mm
啟用年分	1976 年
分類屬性	國家級鐵道博物館

安巴拉哇鐵路（Ambarawa Railway）創業於 1873 年，是位於印尼爪哇省的保存鐵道，以保存特殊的齒軌蒸汽火車而聞名。安巴拉哇鐵道博物館（Ambarawa Railway Museum）將之動態保存，並於 1976 年 10 月 6 日正式開館。

因此，安巴拉哇鐵道博物館（Indonesian Railway Museum of Ambarawa），就是附屬於這條保存鐵道的鐵道博物館，位於安巴拉哇火車站。安巴拉哇（Ambarawa）是荷蘭殖民政府時期的軍事城市。1873 年，威廉一世國王下令建造新的火車站，好將軍隊運送到三寶壟，後來 Kedungjati-Bringin-Tuntang-Ambarawa 鐵路完工，5 月 21 日安巴拉哇火車站落成，當時被稱為威廉一世站。

❶ 印尼安巴拉哇鐵道博物館，主體是火車的維修車庫。
❷ 印尼知名的蒸汽機車 B5112，動態保存，可以出去運行。
❸ 這部 D30023 柴油機車牽引兩部客車，實現博物館鐵道的動態服務。
❹ 安巴拉哇鐵道是一米軌距的齒軌鐵道，齒軌構造陳列於安巴拉哇車站內。

最初這個站是 1435mm 標準軌的轉運站，以連接 Kedungjati 到東北部的鐵路（1435mm 軌距）和通過馬格朗通往日惹的鐵路（1067 mm 軌距）。如今依然可以看到火車站兩側月台不同軌距的鐵軌，就是為了容納不同大小的火車而建造的。

1976 年，在當時印尼的中爪哇省省長 Supardjo Rustam 授意之下，安巴拉哇火車站被正式改建成為安巴拉哇鐵道博物館，位階是國家級鐵道博物館。博物館占地約 12 萬 7500 平方公尺的土地，保存了印尼國家鐵路 Perusahaan Negara Kereta Api，PNKA 的蒸汽機車。2010 年，安巴拉哇鐵道博物館大樓成為文化資產建築，如今由印尼鐵路公司，正式命名為印尼安巴拉哇鐵道博物館。

如今，安巴拉哇至 Tuntang 之間還有觀光鐵路，由 D30023 柴油機車牽引兩部客車，實現博物館鐵道的動態服務。印尼動態保存的蒸汽機車 B5112 可以出去運行，該博物館特別保存的觀光路線，從海拔最低點 474 公尺的安巴拉哇，到海拔最高點 711 公尺的 Bedono，全長有 9.2 公里，在 Jambu 與 Bedono 兩站之間，體驗最大坡度 65‰，海拔落差 237 公尺，用齒軌蒸汽機車登山的魅力。

印尼 塔曼迷你印尼博物館

火車軌距	1067mm、762mm
啟用年分	2014 年
分類屬性	地方鐵道博物館

談到印尼的鐵道博物館，最有名的莫過於安巴拉哇鐵道博物館，不過離首都雅加達較遠，交通不是那麼方便，還有一個小型的鐵道博物館，附屬於塔曼迷你印尼博物館，倒是值得一看。

塔曼迷你印尼博物館（Taman Mini Indonesia Indah，TMII），就是美麗的印度尼西亞縮影公園的意思，這是一座位於印度尼西亞東雅加達的文化休閒公園，占地面積 250 英畝，介紹印尼歷史與文化的概要。該公園涵蓋了印尼 26 個省區，完美展現了各個地方獨有的建築、服裝、舞蹈和傳統特色之外，公園中央有一個湖，形狀為印尼地圖的微縮版。2014 年12 月 31 日，世界和平委員會將印尼縮影公園指定為國際文明公園，以及世界和平主題公園。

這個公園的展區裡面，有一個交通博物館區，除

❶ 塔曼迷你印尼博物館，有遊園的高架單軌電車，可以欣賞整個公園的景色。

❷ 印尼的火車軌距與台灣相同，蒸汽火車的塗裝與台灣相似，頗有親切感。

3

❸ 印尼大量的蒸汽機車，是 1067mm 軌
距，陳列於戶外展示場。

❹ 這是用於甘蔗運輸的 762mm 窄軌蒸汽
機車。

了展示飛機，還有遊園的高架單軌電車，從單軌列車上面，可以看到整個公園的風景。這裡有一個戶外展示場，陳列印尼大量的蒸汽機車。由於印尼的火車軌距與台灣相同，都是 1067mm，蒸汽火車的塗裝與台灣相似，印尼也有運輸甘蔗的 762mm 窄軌蒸汽機車，讓台灣旅客看了頗有親切感。因此，塔曼迷你印尼博物館這個交通博物館區，可以定為地方鐵道博物館。

④

美國 巴爾的摩與俄亥俄鐵道博物館

火車軌距	1435mm
啟用年分	1953 年
分類屬性	國家級鐵道博物館

談到美國東岸的鐵道博物館，首推巴爾的摩與俄亥俄鐵道博物館，位在美國東岸馬里蘭州巴爾的摩市，於 1953 年 7 月 4 日開館。美國的第一條鐵路於 1830 年，開通於巴爾的摩（Baltimore），因此，巴爾的摩與俄亥俄鐵道博物館就堪稱全美國最古老的鐵道建築與鐵道博物館。這個博物館的所在位置同時也是美國鐵道發源地，是最具代表性的鐵道博物館。

博物館內處處是經典的歷史古蹟，例如設置於 1829 年的 The Mt. Clare Shops，是全世界最古老的鐵路商店；又如設置於 1851 年的 The Mt. Clare Depot 修理機廠，擁有最多 19 世紀蒸汽機車典藏。尤其主館建築本身蒙克雷爾車站（Mount Clare Station）是座興建於 1884 年的扇形車庫，這不但是古老建築，而且也是全世界少見的 360 度扇形車庫，車庫裡面保存著許多蒸汽火車。先進國家對博物館的投資之大，毫無保留，令人稱羨！

雖然，這個博物館並沒有世界最大的蒸汽機車 Big Boy，然而卻擁有美國鐵路史上牽引力最強，重量最重，幾可超越 Big Boy，輪軸配置 2-6-6-6 的 H-8「Allegheny」的蒸汽機車。此外還展示許多蒸汽火車，例如 Greenbrier, Cheat and Elk River Shay #1。Shay 這種火車在美國很

❶ 美國巴爾的摩鐵道博物館，是全美國最古老的鐵道博物館，主館本身是一座 360 度的扇形車庫。

❷ 巴爾的摩鐵道博物館門口，標示美國鐵道的誕生地，是全美國最古老的鐵道博物館。

WELCOME TO THE
B&O RAILROAD MUSEUM
THE BIRTHPLACE OF AMERICAN RAILROADING
In Association with the Smithsonian Institution

③ 該座扇形車庫裡面陳列的蒸汽火車。

④ 巴爾的摩鐵道博物館裡面，可以運轉的 HO
　gauge 的鐵道模型。

多，不只用在台灣阿里山森林鐵路，也曾在詹天佑開闢京張鐵路時被引進中國。

　　不過，我想對於來自台灣的旅客而言，這個博物館最重要的是兩個主題：一個是 RDC 不鏽鋼的柴油客車，因為那是台灣 1966 年光華號 DR2700 型的原型，另一個是直立式三缸的 Shay 蒸汽機車，因為這是台灣阿里山森林鐵路 Shay 的原型。建議台灣的旅客先搭火車到巴爾的摩火車站，再搭公車與輕軌電車到附近的馬里蘭大學，然後下車步行 600 公尺，就可以來到這裡圓夢。

美國 伊利諾鐵道博物館

火車軌距	1435mm
啟用年分	1953 年
分類屬性	國家級鐵道博物館

　　位於美國中部伊利諾州的伊利諾鐵道博物館很有名，因為這是美國境內占地面積最大的鐵道博物館，擁有相當多的珍貴火車，以及一小段動態運行的保存鐵道。

　　該館成立於 1953 年，最早是 10 位鐵道迷集資購買退役的 65 號城際電車，展示、催生這座鐵道博物館。1957 年起，成為 NGO 非營利博物館，1966 年，購進伊利諾伊終點鐵路的退役 415 號車廂，1967 年開始收藏蒸汽機車，1971 年第一座室內停車棚建設完成，終於有了鐵道博物館的規模。十年後，館外約 1 英里的環線完工，可用於火車動態運行，發展至 1990 年代，博物館共收藏 450 餘種鐵路車輛，部分車輛仍能正常運行，館內鐵軌總長達到 4.9 英里。

　　此外，位於芝加哥的科學與工業博物館（Museum of Science and Industry，MSI），則有另一個有火車展示的博物館。最初為 1893 年芝加哥哥

❶ 該鐵道博物館裡面陳列的三軸客車。
❷ 伊利諾鐵道博物館的鎮館之寶，1630 號 Decapod 蒸汽機車。

❸ 美國 Decapod 蒸汽機車，輸出到前蘇聯成為
寬軌版，同角度比較，攝影於西伯利亞貝加
爾湖鐵路。
❹ 美國 Decapod 蒸汽機車，St. Louis & San
Francisco 1630，保存在本博物館動態行駛
的畫面。

四百年紀念博覽會而建的藝術宮，號稱西半球最大的
科學博物館。

　　這個博物館裡，有一個面積高達 330 平方公尺的
HO 規鐵道模型，以不同交通工具與鐵路模型的「The
Great Train Story」，貫穿芝加哥至西雅圖之間的各種
地標。另一個重點展示是 1962 年由紐約中央鐵路捐
贈，曾經行走帝國洲際特快列車線（Empire State
Express）的 999 號蒸汽機車，此蒸汽機車乃是 1893
年，芝加哥哥倫布紀念博覽會牽引特快列車之用，成
為美國首台可運行至每小時 160 公里的火車，可惜受
限於空間，沒有動態的保存鐵
道可運行。

　　芝加哥的科學與工業博物
館與伊利諾鐵道博物館，不論
在鐵道運輸的保存或展示上，
都功不可沒。兩者展示的規
模，也都達到國家級鐵道博物
館的水準，當兩個博物館結合
在一起，資源互補，就達到
十二項指標滿分的水準。

CALIFORNIA STATE RAILROAD MUSEUM

美國 加州鐵道博物館

火車軌距	1435mm
啟用年分	1981 年
分類屬性	地方鐵道博物館

　　世界各國的鐵道博物館，都有將博物館作為培育下一代的教育資源的期許，成為現今優秀鐵道員與交通科技人才的啟蒙搖籃。而美國華盛頓公益博物館的史密森蘇尼組織，提供博物館科學教育，對全球影響相當大。本館與美國東岸巴爾的摩與俄亥俄鐵道博物館，都隸屬此這組織。

　　加州鐵道博物館，起源於 1937 年。當時舊金山灣區的鐵道迷，組織了鐵路和機車歷史學會的太平洋海岸分會，向加州公園捐贈 30 輛歷史悠久的鐵路機車，成為博物館營運的最初動力。1976 年，博物館的第一個設施中央太平洋鐵路客運站開放。1981 年，加州鐵道博物館竣工開放。

　　館藏約有 21 輛火車，鎮館之寶有兩台：一台是美國南方鐵路（Southern Pacific）的 AC-12，Cab-Forward 駕駛室反頭式蒸汽機車 X4294，是為了蒸汽

❶ 加州鐵道博物館的鎮館之寶之一，南方鐵路 AC-12 X4294 反頭式蒸汽機車，1944 年包德溫 Baldwin 製。（林恆立 攝）

❷ 加州鐵道博物館主館裡面，展示美國鐵道模型常見的規格，3 軌 O gauge 鐵道模型。（林恆立 攝）

❸ 1875 年製包德溫製的 12 號蒸汽機車，訴說
　著美國鐵道東西兩岸鐵道連結的歷史。（林
　恆立 攝）
❹ 美國鐵道東西兩岸鐵道連結的歷史證物。（林
　恆立 攝）

火車穿越長隧道時避免煤煙影響駕駛室而特別改造
的，1944 年製，世界僅存的一部；此外，1875 年美
國包德溫（Baldwin）製的 12 號蒸汽機車，軌距是特
殊的三英尺 914mm，訴說著成為美國東西兩岸鐵道
連結最後一根釘的歷史。

　　在室內的鐵道模型方面，可以看到 3 軌 O gauge
鐵道模型作為教育設施，讓孩子動手操作。在戶外的
保存鐵道方面，薩克拉門托南部鐵路的蒸汽客運列
車，1984 年開始服務，三年後中太平洋鐵路貨運站
開業。1992 年，Railtown 1897 州立歷史公園被添加
到整個博物館體系，2017 年 6 月，加州鐵道博物館
成為史密森蘇尼組織的附屬機構。

　　加州鐵道博物館，結合了戶外的保存鐵道，可以
讓骨董火車的實體運行，因此博物館十二項指標，達
到滿分的水準。

① 加拿大多倫多鐵道博物館，本身就是一座扇形
　 車庫，從旁邊的西恩塔上面就可以鳥瞰全景。
② 該座扇形車庫的內部優化，發展成飲食的商業
　 空間。

TORONTO RAILWAY MUSEUM

加拿大 多倫多鐵道博物館

　　談到加拿大多倫多鐵道博物館（Toronto Railway Museum，TRM），就位於多倫多火車站旁邊的扇形車庫公園，這是一個占地 17 英畝（6.9 公頃）的公園，公園前面就是知名的地標西恩塔（CN Tower）。從西恩塔上往下看，可以看到扇形車庫公園的全貌。

　　而加拿大多倫多鐵道博物館，是屬於多倫多鐵路歷史協會 TRHA，成立於 2001 年，是正式註冊的 NPO 非營利組織。鐵道博物館於 2010 年 5 月 28 日開放，全年營運。整座博物館以這座扇形車庫周邊軌道為主體，存放許多加拿大太平洋鐵路公司的機車頭，客車與火車。展示火車的名單如下：

火車軌距	1435mm
啟用年分	2010 年
分類屬性	國家級鐵道博物館

① Canadian National Railway No. 6213 U-2-G 4-8-4 MLW 1942

② Canadian Pacific 7020 Class DS10-B, Alco S-2 1944

③ Canadian National Railway No. 4803 GMD GP7 1953

④ Canadian Locomotive Company 50 Ton Whitcomb Centre Cab Switcher 1950

⑤ Canadian Pacific "Jackman" sleeper 1931

⑥ Canadian Pacific "Cape Race" Buffet-compartment-solarium-observation-sleeper, 1929

⑦ Dominion Atlantic Railway "Sans Pareil" （now "Nova Scotia"） Pullman dining car built in 1896

⑧ Toronto, Hamilton & Buffalo Railway Caboose #70 steel sheathed, 1921

⑨ Canadian Pacific Railway 188625 – "Fowler" steel frame boxcar, built 1917

⑩ Reinhart Vinegars RVLX 101 – wooden vinegar tank car, built 1938

⑪ Toronto Terminal Railway （TTR） – Pyke Self-Propelled Crane

⑫ GO Transit Hawker Siddeley RTC-85SP/D diesel multiple unit, built 1967

這座扇形車庫，又名為約翰街扇形車庫（John-Street Roundhouse），是 1929 ～ 1931 年由 Anglin-Norcross 為加拿大太平洋鐵路的多倫多火車站所設計建造的。扇形車庫的中間，是直徑120英尺的轉車台。這個轉車台是加拿大太平洋鐵路公司使用過最大的轉車台，可以容納大型、含煤水車的蒸汽機車，轉車台四周輻射出 32 條軌道，通過 32 扇門到達扇形車庫裡面，總共可以儲存 32 台機車，1990 年被指定為加拿大國家歷史遺址，旁邊還有一間古老的 Cabin D 號誌樓。這是加拿大最值得一看的國家級鐵道博物館。

從這個案例可知，利用古老的建築物即可成為亮眼的鐵道博物館，很值得台灣彰化扇形車庫未來保存作為借鏡。

❶ 扇形車庫中間的轉車台，陳列美國 GE 製 50 Ton 的 1 號柴電機車，上面寫 Toronto Railway Museum 多倫多鐵道博物館。

❷ 扇形車庫外面，展出美製 GMD 1953 年製造的 GP7，CN 4803 號柴電機車，與 Cabin D 號誌樓。

澳大利亞 墨爾本
鐵道博物館

火車軌距	1600mm
啟用年分	1962 年
分類屬性	地方鐵道博物館

❸ 墨爾本鐵道博物館是澳洲最具代表性的博物館，鐵道博物館的入口，前面停放著一台 X36 蒸汽機車。

全球的鐵道博物館，以標準軌距的數目最多，窄軌體系的鐵道博物館，拜日本之賜不算少，但是寬軌體系的鐵道博物館，數目真的很少，比較有名的大概只有四個。依照軌距寬窄，第一個是印度德里鐵道博物館，為寬軌 1676mm 體系，而且是全世界最寬的軌距；第二個是西班牙巴塞隆納加泰隆尼亞鐵道博物館，為寬軌 1668mm 體系；第三個是位於澳大利亞的墨爾本鐵道博物館，為寬軌 1600mm 體系。最後一個是位於聖彼得堡的俄羅斯鐵道博物館，為西伯利亞寬軌 1520mm 體系。

澳大利亞的墨爾本鐵道博物館，又名為紐波特鐵道博物館，原文是 Newport Railway Museum，位於維多利亞省的紐波特地區，靠近北威廉斯敦車站。該館創建於戰後 1962 年 11 月 10 日，由澳大利亞的鐵道歷史學會保存組織（Australian Railway Historical Society，ARHS）所設立，裡面展示超過數十部不同

形式的蒸汽機車，堪稱澳大利亞展示內容最為完整的鐵道博物館。

墨爾本鐵道博物館主要是典藏現有的維多利亞鐵路（Victoria Railway，VR），各種其他維多利亞鐵路機車，以及眾多維多利亞鐵路的歷史文物。包括 17 輛蒸汽機車、8 台內燃機車、2 輛電力機車、4 輛電動郊區通勤客車、5 個城際用客運車廂、10 輛貨車、2 輛客守車、5 台鐵路起重機，調車等，還有一個號誌樓，以及可以運行的 O 規鐵路模型。

由於澳大利亞是大洋洲最大的一個國家，它的環境比印度鐵路更為複雜，從南到北包含寬軌為 1600mm 軌距，標準軌 1435mm 軌距，窄軌 1067mm 軌距的鐵道

❶ VR 維多利亞省鐵路的電力機車 1150 號，原型近似於美國的狗頭車 Class F7。
❷ VR 維多利亞省鐵路的柴電機車 T367，就跟台灣的感覺拉近了不少。

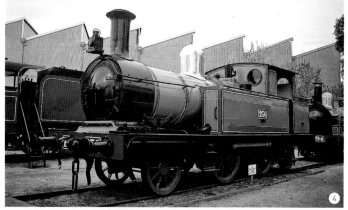

都有，因此該鐵道博物館同時擁有歐洲與美國的火車。

裡面比較有趣的火車有幾項，例如台鐵 BK10 型蒸汽機車，最初原始設計來自英國，這種史蒂芬生式氣門的蒸汽機車，只是從標準軌修正成寬軌，澳大利亞這裡也有它的寬軌版，還保留歐洲緩衝器的原型設計。又如 VR 維多利亞省鐵路的電力機車，原型近似於美國的狗頭車 Class F7，這種火車有著濃濃的美國風味；曾經活躍於澳洲與非洲，英國製很有名的 Garratt 蒸汽機車，也曾保存在此地。難以想像一個國家，因為南北廣闊，當時殖民者的不同，而創造如此多元的鐵道環境。

❸ 英國製造保存在此地，活躍於澳洲與非洲很有名的 Garratt 蒸汽機車。
❹ 博物館保存的 2-4-2 蒸汽機車 236 號，與台鐵 BK10 型相近。
❺ 台鐵 BK10 型 2-4-2 蒸汽機車，BK24 相同的角度與上圖對照。

埃及 開羅鐵道博物館

火車軌距	1435mm
啟用年分	1933 年
分類屬性	國家級鐵道博物館

埃及鐵道博物館（Egyptian National Railways Museum，ENR），位於首都開羅，這是一座典型的車站博物館，後門打開就是開羅火車站的月台，可以看到實體的火車運作。該博物館成立於二戰之前 1932 年 10 月 26 日，並在 1933 年國際鐵路會議召開之際，同年 1 月 15 日在拉美西斯廣場向遊客開放，講述關於埃及火車的故事。館內陳列著近百件模型和展品，還有文物、地圖和統計資料，這些基礎設施，使得該博物館，列入埃及的科學和藝術博物館群。

因為開羅鐵道博物館與開羅車站的建築是結合在一起的。因此在博物館有限的空間中，只能展示大量鐵道模型與歷史圖片，來解釋世界鐵道史，和埃及第一台機車的發展，也有讓該國鐵道史與世界鐵道史接軌的意涵。包含 1854 年在埃及行駛的第一輛機車、客車，展示了埃及鐵路從 1854 年建立，到現代最新的電

❶ 開羅鐵道博物館的入口。

❷ 這是一座典型的車站博物館，後門打開就是開羅車站的月台。

❸ 開羅車站的月台雨棚與埃及的火車。
❹ 開羅鐵道博物館與開羅車站的建築，結合在一起。

力機車、內燃機車的發展歷程。這也是非洲第一座鐵道博物館。

　　從這個案例可以發現，即使是經濟上相對貧窮的非洲國家，也有自己的國家級鐵道博物館。最經濟簡單的方式，就是利用現有的車站設施，成立車站博物館，即使沒有多餘的建築空間，可以容納老火車，車站的軌道本身，就是最好的展示空間。這個案例可以提供給台灣，因為鐵路立體化工程而停用的古蹟火車站，未來轉型再利用作為參考。

台灣
THE POTENTIAL SITES OF
TAIWAN RAILWAY MUSEUM
鐵道博物館的
潛力點

彰化的扇形車庫，是台灣僅存的一座扇形車庫，也是最早的國家鐵道博物館的規畫地點。

台灣鐵道博物館的潛力點

在最後這個單元中，您將發現，台灣不是沒有鐵道博物館，而是從來沒有作博物館分級。若以全球鐵道博物館分類成四級的角度，台灣除了沒有正式的第一類博物館，其他從第二類到第四類博物館早都已經有，並且過去有很多以特展型態存在的鐵道博物館，內容包羅萬象，十分精采。

如今，第一類博物館已經存在，就是國家鐵道博物館籌備處，我們真心期待它的誕生。其他第二類到第四類博物館，我們把它們結合起來，成為台灣鐵道博物館的潛力點。我想，未來台灣的國家鐵道博物館，不會是一個點，而是一條線，地不分東西南北、車不分軌距寬窄、營不分公私機構，透過在地的典藏、共通的管裡，串連成台灣鐵道的博物館群，這才是台灣鐵道博物館符合國際潮流的方向。

❶ 台中驛鐵道文化園區，是以舊台中火車站為基地，未來可望發展成為第三類的鐵道博物館。
❷ 台中驛鐵道文化園區所保存的光華號特快車。
❸ 昔日的台北機廠，今日成為國家鐵道博物館籌備處，預計 2027 年開館。

台灣的鐵道博物館現況，未來鐵道博物館的經營與展望

說到鐵道博物館，許多國人都前往國外去參觀，但其實台灣不是沒有鐵道博物館，只是國人都認為一定要展示內容做得非常的完美、博大精深，才叫做鐵道博物館。因此，我們在缺乏自信的情況下，出現了許多名稱：鐵道車庫園區、鐵道文化園區、鐵道故事館、鐵道探索館、鐵道文物展示館等，就是不敢使用博物館 museum 這個名稱。

其實，若以全球鐵道博物館分類成四類的角度，台灣除了第一類博物館已經正在籌備營運，其他從第二到第四類博物館早都已存在，分類統計如下：

❹ 彰化的扇形車庫，從 1922 年迄今，是蒸汽機車的家。

❺ 嘉義的北門車庫園區，是阿里山鐵路的火車基地。

❻ 昔日的高雄港站，今日成為打狗鐵道故事館，火車與輕軌並列。

• 台灣鐵道博物館的分類統計 •

① 台北 國家鐵道博物館籌備處——台北機廠
  （第一類：國家級鐵道博物館）

② 台北 國立台灣博物館鐵道部園區
  （第一類：國家級鐵道博物館）

③ 桃園 台灣高鐵探索館
  （第三類：鐵道事業體附設博物館—高鐵公司）

④ 苗栗鐵道文物展示館
  （第三類：鐵道事業體附設博物館—台鐵）

⑤ 彰化 彰化扇形車庫
  （第三類：鐵道事業體附設博物館—台鐵）

⑥ 嘉義 北門車庫園區
  （第三類：鐵道事業體附設博物館—林務局）

⑦ 高雄 打狗鐵道故事館
  （第四類：地方鐵道博物館—保存鐵道組織）

⑧ 高雄 哈瑪星台灣鐵道館
  （第二類：歷史科學博物館附設鐵道博物館）

⑨ 羅東 林業文化園區
  （第三類：鐵道事業體附設博物館—林務局）

⑩ 花蓮鐵道文化園區
  （第四類：地方鐵道博物館—文化局）

⑪ 台糖 烏樹林車站（第四類：地方鐵道博物館—台糖）

⑫ 台糖 溪湖糖廠與車站（第四類：地方鐵道博物館—台糖）

❶ 苗栗鐵道文物展示館，是老火車的陳列場。

❷ 國立台灣博物館鐵道部園區，有精采的鐵道模型。

③

③ 高雄的駁二特區，哈瑪星台灣鐵道館的鐵道模型場景。

④ 台糖的烏樹林車站，蒸汽機車牽引勝利成功兩部客車。

此外，台灣過去有很多博物館，會用特展型態去辦鐵道博物館的展覽，內容包羅萬象，十分精采，例如國立台灣博物館，高雄歷史博物館等都曾舉辦過。只是當特展結束後就完全撤展，如果把這些資源整理，變成一個常設展，或是用固定的展示廳展示的話，今日台灣鐵道博物館的發展歷程，絕對會更快。透過本書前面許多章節的統計，我們應該要找回自己建立鐵道博物館的自信才是。

歷經多年，我們經歷過台灣鐵道許多古蹟的破壞、古物流失的遺憾，終於擁有一個國家鐵道博物館籌備處，2027 年期待它的開館。不過，當大家想要把全台灣的淘汰火車都往那裡送存，才意識到台北機廠就算再大，也有空間不足的問題。原來如同火車有不同的軌距，典藏必須在地，鐵道博物館也有不同的規模，保存必須分群。未來應該將台灣各地的地方鐵道博物館資源串連，建立一套台灣鐵道的博物館群，實乃民眾之福。

④

台北 國家鐵道博物館 籌備處——台北機廠

火車軌距	1067mm
啟用年分	2017 年掛牌，目前尚未正式開館
分類屬性	第一類 國家級鐵道博物館

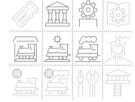

目前台灣鐵道規畫中的國家級鐵道博物館，是利用台北機廠舊址，成立「國家鐵道博物館籌備處」。台北機廠於 1935 年 10 月 30 日落成，1945 年二戰後改名為「台北機廠」（機器修理工廠），為台鐵主要的車輛維修基地。2012 年台北機廠停止作業，原有的機廠設施，遷往富岡車輛基地。2015 年 3 月 15 日，在民間團體、學者、民代長期強力呼籲下，台北機廠指定為國定古蹟，並確定在此地設置國家鐵道博物館，隸屬於文化部。

2017 年 7 月 19 日，「台北機廠鐵道博物館園區籌備小組」掛牌成立，屬於文化部內部單位。2019 年 8 月 15 日，國家鐵道博物館籌備處成立，專責推動該館建置整體規畫等籌備工作，由洪致文先生擔任首位籌備處主任，至今 2022 年由鄭銘彰先生擔任籌備處主任。未來國家鐵道博物館經營，規畫以行政法人（executive agency）方式運作，財源自籌，獨立經營，並由文化部與交通部共同監督，預計 2027 年正式開館。

雖然國家鐵道博物館，目前還沒有正式開館，但是以現有的典藏車輛與設施，也達到鐵道博物館的規模，民眾可以免費預約參觀。今

❶ 昔日的台北機廠入口，陳列著台鐵東線鐵路的 LDK58 蒸汽機車。

❷ 今日的台北機廠的修理工廠，陳列著台鐵的觀光號與莒光號客車，並恢復原始的塗裝。

❸ 1960 年啟用的 R24 柴電機車，掛上觀光號的銘鈑，恢復藍色圖裝。

❹ 2022 年最新修復的 S206 柴電機車，與典藏 M113 裝甲車與平車。

❺ 昔日的莒光號餐車，內裝擺飾被恢復回來，還復刻了原始的餐車模型。

日的國家鐵道博物館籌備處已經在進行車輛收集與展示規畫，台北機廠的修理工廠裡面，陳列著台鐵的觀光號與莒光號客車，並恢復原始的塗裝。1960 年啟用的 R24 柴電機車，掛上觀光號的銘鈑，恢復藍色圖裝，昔日的莒光號餐車，內裝擺飾被恢復回來，還復刻了原始的餐車模型。目前一切都還在籌備中，期待未來國家鐵道博物館的開幕。

RAILWAY DEPARTMENT PARK

台北 國立台灣博物館 鐵道部園區

火車軌距	1067mm
啟用年分	2020 年
分類屬性	第一類 國家級鐵道博物館

❶ 昔日台灣總督府鐵道部的建築體，今日成為國立台灣博物館鐵道部園區。

❷ 1945 年毀於台北大轟炸的鐵道部鐵道旅館，透過建築模型復刻其原貌。

　　國立台灣博物館鐵道部園區，乃是利用日治時期台灣總督府鐵道部建築群所成立的鐵道博物館，屬於國立台灣博物館所有。2009 年 11 月起，委託代管鐵道部建築群，2014 年 1 月 9 日，國立台灣博物館開始進行修復工程，至 2016 年的鐵道部建築群修復完成，並命名為「國立台灣博物館鐵道部園區」，在 2020 年 7 月 7 日整修完成，正式對外開放。也是目前 2022 年為止，唯一開始運作的國家級鐵道博物館。

　　該博物館的主體館建築，為台灣總督府交通局鐵道部廳舍，落成於 1918 年 5 月，包含廳舍、八角樓男廁、戰時指揮中心、工務室、電源室、食堂等，2007 年 5 月 25 日被公告為國定古蹟。因此，民眾參觀這個鐵道博物館的同時，也走入

❸ 二樓有 1970-1980 年的台北車站周邊模型，製作得十分的細緻。

❹ 今日許多消失的台灣火車，由上而下為汽油客車、柴油客車、觀光號客車，都透過模型復刻回來。

這個國定古蹟的歷史建築中。該博物館一樓有 1945 年毀於台北大轟炸的鐵道部鐵道旅館，透過建築模型復刻其原貌，二樓有 1970 ～ 1980 年的台北車站周邊的鐵道模型，製作的十分細緻，這也是北台灣最大的 HO 規鐵道模型場景。二樓還有一些大比例的靜態模型，台鐵昔日的汽油客車，柴油客車，觀光號客車，許多消失的台灣火車，都透過模型復刻回來。內容相當精采！

考慮到古蹟建築與空間分配的問題，園區沒有設置室內室外的鐵道車輛展示，鐵道車輛動態展演與實際運行這幾項改用鐵道模型來代替。未來這些功能，就交給即將營運的國家鐵道博物館，也就是位於台北機廠的國家鐵道博物館籌備處運作。這樣也比較能夠資源互補，兩館相輔相成。

TAIWAN HIGH SPEED RAIL MUSEUM

桃園 台灣高鐵探索館

火車軌距	1435mm
啟用年分	2017 年
分類屬性	第三類鐵道事業體附設博物館 高鐵公司

　　二十一世紀，隨著高速鐵路引進台灣，為了能夠讓國人理解高速鐵路的內涵，推廣高速鐵路的科學教育。台灣高鐵公司於 2004 年 8 月 15 日在高鐵新竹站前，第一代台灣高鐵探索館開幕，這是台灣鐵路史上第一間鐵道的企業博物館，也就是非公營的鐵道博物館。因為成效良好，台灣高鐵公司為了推廣到中南部，隔年 2005 年 1 月，高鐵行動探索館在台南高鐵站前開幕（筆者擔任館長），並且以可以搬動的展場方式，到各地推廣高速鐵路的科學教育。當時的高鐵探索館一北一南，雙雙創下台灣鐵路史上的先例。

　　當時台灣高鐵探索館的英文是 Taiwan High Speed Rail Exhibition，而不是用 Taiwan High Speed Rail Museum，是因為考慮到這是台灣高鐵通車前肩負向大眾宣傳的使命，所以用 Exhibition 這個字。此外，整個台灣社會對於博物館 Museum 這個字的意涵，停留在過去的歷史文物展覽，有陳舊物件的成見，而非新的物件。雖然高鐵探索館已經達到博物館的水準，但社會大眾尚未有博物館分級觀念與社會教育使命的概念。因此在台灣高鐵通車的前夕，當時認為有實體火車就不需要博物館，於是第一代探索館在完成階段性任務，於 2006 年 10 月 31 日功成身退。

　　多年後，台灣社會對於鐵道博物館的概念逐步成熟，取得社會共識，鐵路的科學教育是不可或缺的一環。2017 年 1 月 5 日，第二代高鐵探索館於高鐵桃園站旁開幕，英文是 Taiwan High Speed Rail Museum，同時也慶祝台灣高鐵通車十週年。延續

❶ 台灣高鐵探索館的入口意象。
❷ 這是世界各國高鐵的速度比較，引領國人全球高鐵的國際觀。

❸ 日本 KATO 製的台灣高鐵動態模型，9mm
軌距火車，會定時出來運行。

❹ 台灣高鐵探索館的大比例火車模型，45mm
軌距系列，日本新幹線與德國高鐵 ICE。

高鐵探索館的使命，以台灣高鐵的發展歷程、施工工法、列車模型場景，及各國高速鐵路系統簡介，與世界高鐵接軌為展覽內容。並且有了自己的文史庫房，也就是鐵道博物館的典藏組概念。導入博物館 CEEO 觀念：收藏 Collection、展示 Exhibition、教育 Education、營運 Operation，是目前台灣最優質的鐵道企業博物館，入館免費。

總之，「台灣高鐵探索館」以台灣高鐵通車十年所累積的鐵道文化資產為資源，將「科技文明歷史」和「科學教育」活化再利用的脈絡精神，策略性的撰繪出交通科技教育的藍本，保存鐵道文化資產的核心價值；同時藉由企業歷史的紀錄，傳承台灣高速時代之人文脈絡，滋生堅毅的信念，持續耕耘高速鐵道永續發展的使命。2017 年，台灣高鐵屆滿通車十週年之際，「台灣高鐵探索館」的落成成為台灣高速時代十年有成的見證，有效傳承台灣高鐵的企業精神。

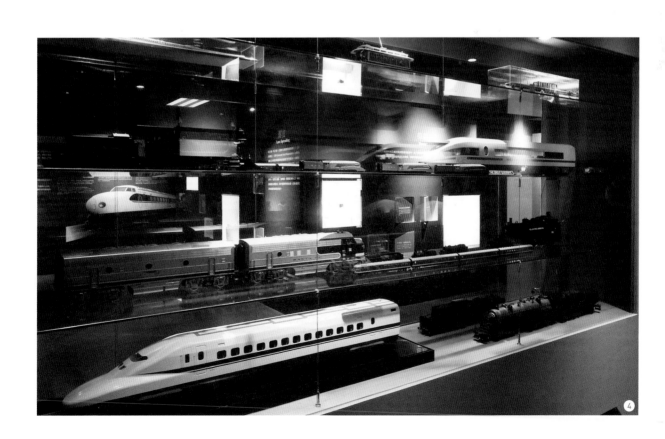

苗栗 鐵道文物展示館

火車軌距	1067mm
啟用年分	1999 年
分類屬性	第三類 鐵道事業體 附設博物館 台鐵局

台灣鐵路苗栗鐵道文物展示館，原名為苗栗鐵道公園，座落於台鐵苗栗車站旁邊，是全台灣首座鐵路展示館。

1906 年，台灣總督府鐵道部在此地設立「苗栗機關庫」，然而卻因 1935 年的關刀山大地震損毀嚴重，1937 年易地新建第二代苗栗機關庫。當時鐵道部規畫未來山線鐵路電氣化，進駐電力機車，以改善山線的陡坡與長隧道排煙問題，而設計車庫為矩形的建築，成為台灣第一個電氣機關庫。然而隨著 1945 年二戰結束，該機關庫最終未有電力機車進駐，目前僅提供台鐵車輛維修之用。這個苗栗機關庫，就是展示館的原址。

❶ 苗栗鐵道文物展示館的主館，就是各類老火車的戶外陳列場。

② 這裡還有東線鐵路 762mm 軌距的火車，LDH101 與黃皮仔客車。

③ 台糖 331 號蒸汽機車，也是 762mm 軌距的小火車。

④ 這裡曾經設有「投煤訓練中心」，該室內館裡面有火車模型等文物設施。

關於這個展示館的誕生，可以追溯到 1998 年，當時台鐵陳德沛局長，致力於台鐵文物保存的政策，在機務處宋鴻康科長的努力之下，收集現有的老火車，並給予妥善修復。1999 年 6 月 10 日，在鐵路節隔天，舉行隆重揭幕典禮。2001 年 6 月 9 日，筆者與台鐵還出版了一本《老火車再現風華》，記錄當時台鐵文物保存政策，收集老火車，以計畫做鐵道博物館的故事。因此，苗栗鐵道文物展示館，堪稱是台灣鐵道博物館最早規畫的雛型。

• 苗栗鐵道文物展示館的典藏 •	
1067mm 軌距系列	762mm 軌距系列
蒸汽機車： CT152 蒸汽機車、DT561 蒸汽機車 柴油機車： R6 柴電機車、S305 柴電機車、S405 柴電機車 木造客車： 25TPK2053、30SPK2502	舊東線： LDH101、柴液機車 舊東線： LTPB1813 柴油拖車 舊東線： LDR2201 柴油客車（2011年移置台北車站東側）

這個展館一開始策展的格局很大，展示的火車並不只有台鐵的火車，還包含台灣其他體系的火車。1999 年開幕之初，762mm 軌距系列，還保存過阿里山森林鐵路，28 號蒸汽機車、11403-1、11403-5 柴油機車、SPC2 光復號客車、平甲 6006 平車，台糖鐵路331 號蒸汽機車、糖鐵 254 號巡道車等車輛。後來因為台灣鐵道博物館的話語權已經不在台鐵這邊，1999年當初的規畫，也已經時過境遷，為了配合場地整建，上述車輛已分別歸還至林鐵與台糖保存。

1999 年當時苗栗鐵道公園這個展館，一開始是露天廣場，為了避免老火車因為風吹日晒而受損，2003年 4 月，興建展示區遮雨棚等設施，完成苗栗鐵路機車展示館。該室內館裡面有火車模型等文物設施，蒸汽機車的投煤訓練中心，並移交苗栗機務分駐所負責管理，並更名為苗栗鐵道文物展示館。2021 年 5 月，配合轉型為苗栗火車頭園區，未來朝向地方鐵道博物館去規畫，預計 2024 年啟用。如果就世界鐵道博物館四種分類體系來看，若由台鐵局來經營，則屬於第三類鐵道事業體附設博物館。

❶ 台鐵 CT152 蒸汽機車。
❷ 台鐵 DT561 蒸汽機車。

○ 代表建議未來彰化扇形車庫博物館可以增加的項目

❸ 透過中央轉車台，與扇形車庫的軌道連結，讓火車開上轉車台，就是一座活的鐵道博物館。

CHANGHUA ROUNDHOUSE

彰化
彰化扇形車庫

火車軌距	1067mm
啟用年分	2007 年
分類屬性	第三類 鐵道事業體 附設博物館 台鐵局

彰化扇形車庫，建於大正 11 年，也就是海線通車的那一年，1922 年。今年 2022 年，彰化扇形車庫邁向一百年。

彰化扇形車庫誕生的故事，可以追溯至 1919 年，在第一次世界大戰結束後，日本的經濟力大幅提升，為了強化台灣鐵道的運輸能力，改善當時山線坡度過陡的運輸瓶頸，從 1919 年至 1922 年間興建海線，同一個時間點，台灣總督府也大量購入 500 型、600 型、800 型蒸氣機關車 [註1]，路線優化與車輛增加，兩個政策雙管齊下。因此，台灣總督府必須興建大型火車庫，才能夠容納這些蒸氣機關車，台灣最早的扇形車庫，就在這個歷史時間點應運而生。

隨著海線工事的進行，1919 年底，台灣總督府鐵道部的蒸氣機關車，總數首度突破了 100 輛，隔年又購入 22 輛，創下台灣在日治時期，單年購入機關車數目最多的紀錄 [註2]，1921 年又購入 15 輛，總數已經高達 137 輛。機關車的駐車問題迫在眉睫。於是台灣總

第 ⑧ 章　台灣　鐵道博物館的潛力點
The Potential Sites of Taiwan Railway Museum

彰化　彰化扇形車庫
Changhua Roundhouse

彰化扇形車庫的鳥瞰圖，
轉車台與扇形車庫，軌道設施十分的完整。

督府鐵道部前後規畫了五個地點，台北、新竹、彰化、嘉義、高雄港，設置蒸氣機關區，也就是日後台鐵的機務段，以轉車台搭配扇形車庫的輻射形軌道，形成一座半圓弧形車庫，機關車的駐車問題，得以平均分配，迎刃而解。

1922 年配合海線通車，彰化扇形車庫也隨之啟用，西部縱貫鐵路取道海線，台灣鐵路整個貨運系統運輸能力大幅提升。正因為以上的典故，這也是為什麼台中車站是大站，卻沒有設置扇形車庫的原因。此外，台灣這五個扇形車庫的距離，幾乎是等長，也就是當時台灣鐵路數目最多的 500 型蒸氣機關車，加完煤水之後，中途不停的最佳適航距離。

隨著台灣鐵道機關車數目的增加，為了方便蒸汽機車調度折返，大車站設置轉車台，包含有苗栗、台

❶ 蒸汽機車在扇形車庫裡面運作，這個畫面彷彿回到昔日的蒸汽火車年代。
❷ 利用柴電機車的零件，製作的鐵甲武士機器人，展示於扇形車庫旁邊。

③ 昔日嘉義機務段的扇形車庫，很可惜後來沒有保存下來。

④ 昔日嘉義扇形車庫的蒸汽機車，被移轉到苗栗保存，參閱 P227 頁。

⑤ 鐵道車輛實際運行開上轉車台，就是這個扇形車庫博物館的最佳表演。

中、台南、高雄、枋寮、台東、花蓮、宜蘭等，但是因沒有常態性駐車，因此只要有轉車台，不需設置扇形車庫。台灣這五個扇形車庫，隨著車輛的增加也陸續增建，一開始彰化扇形車庫只有六個股道，後續增加為十二股道，一直使用到現在。1938～1940 年為了配合南進政策，總督府鐵道部增設高雄驛，也就是今日高雄火車站的位置，做為新的縱貫線終點站，在高雄站建立扇形車庫，台灣鐵道的第六座扇形車庫落成。

第二次世界大戰，台灣的扇形車庫遭到盟軍猛烈轟炸，以台北和高雄港受損最為嚴重，彰化扇形車庫因為附近沒有軍事基地，幸運逃過一劫，保存堪稱完好。1945 年台灣光復之後，隨著台灣鐵路 1960 年柴油化、1979 年電氣化，蒸汽機車逐步退場，這是時代的趨勢。昔日為了蒸汽機車運作而設置的扇形車庫，占地面積廣大，在後續車站改建的過程中首當其衝，不免面臨拆除改建的命運。

1994 年 9 月，嘉義扇形車庫遭到拆除後，全台灣僅剩最後一座彰化扇形車庫，危機迫在眉睫。在地方人士與鐵道迷極力爭取下，終於獲得保留，彰化電聯車維修基地則遷至彰化車站南方。2000 年 10 月 25 日，彰化扇形車庫被公告為彰化縣定古蹟。往後的歲月，只要台鐵蒸汽機車保存與復駛，都會回彰化扇形車庫，台鐵也在車庫旁邊設置了蒸汽機車工作室以便維修與保養，包含 CK101、CK124、DT668 及 CT273 這四輛蒸汽機車，都曾經在這裡生火運行過，儼然就是一個動態保存的鐵道博物館。2007 年 2 月 3 日，彰化縣政府還辦了催生國家鐵道博物館的活動，用 CK124 蒸汽機車進行表演，

感動現場民眾。只是後來情勢演變，國家鐵道博物館的規畫，早已經不在台鐵這邊，政策也就無疾而終。

2022 年，因為配合彰化鐵路高架化工程，以及原有彰化機務段遷移，彰化扇形車庫的存在又成為衝突，部分軌道勢必切斷，而且扇形車庫原有的連外軌道，因為坡度過大，是否還能夠與高架路線相連，都在未定之數，形成最大的斷軌危機。未來除非能有足夠的社會共識支持動態保存，否則彰化扇形車庫最後只會留下空的建築，以靜態火車展示為主。

目前彰化扇形車庫，還是在正常運作中，參觀民眾只要在入口處登記，就可以免費參觀。當蒸汽機車在扇形車庫裡面運作，開上轉車台這個畫面，彷彿回到昔日的蒸汽火車年代，讓許多民眾流連忘返。其實，就許多國際上的案例來看，扇形車庫變成鐵道博物館的實例很多，未來如果車庫不要斷軌，就能動態保存，讓鐵道車輛實際運行開上轉車台，是這個鐵道博物館的最佳賣點。

我想最好的政策是，苗栗鐵道文物展示館、彰化扇形車庫鐵道博物館都要維持營運，都可以靜態駐車或動態保存鐵道車輛。因為需要這些軌道的駐車空間，來保存許多台鐵退役的火車，不需要將所有的火車都要往台北機廠送，以分擔台北機廠的國家鐵道博物館的管理負荷。

❶ 彰化扇形車庫見證歷史，2010 年 CT273 蒸汽機車回娘家。

❷ 彰化扇形車庫見證歷史，2014 年 CT273 蒸汽機車正式復駛。

❸ 2007 年彰化扇形車庫的催生活動，原本有機會成為國家鐵道博物館。

註 1　當時 500 型蒸氣機關車（日語蒸汽機車之意），也就是後來的台鐵 CT150 型蒸汽機車，總數高達 43 輛，是台灣鐵道史上數目最多的蒸汽機車。

註 2　可參閱筆者《台灣蒸汽火車百科》的附錄（人人出版）。

ALISHAN FOREST RAILWAY
GARAGE PARK

嘉義
北門車庫園區

火車軌距	762mm
啟用年分	2005 年
分類屬性	第三類 鐵路事業體附屬鐵道博物館 林務局

④ 嘉義北門車庫園區的車輛與軌道設施，是一座活的鐵道博物館。

⑤ 阿里山鐵路 28 噸級 Shay 蒸汽機車 23 號，與木造的貴賓車廂。

　　嘉義北門車庫園區，其實就是北門修理工廠的所在地，位於阿里山鐵路嘉義站到北門站之間。日治時期舊名「北門修理工場」，原址設於阿里山鐵路通車前兩年，1910 年 10 月平地段通車時的北門機關庫，隨著阿里山鐵路施工陸續擴充，1912 年才正式啟用。

　　日治時期的北門修理工廠，主要工作為建造或修理阿里山鐵路各式機車、客車、貨車，迄今已經超過 95 年的歷史。1915 年北門修理工廠改隸台灣總督府

營林局嘉義出張所，1920 年營林局撤銷另設營林所，改隸總督府殖產局。而嘉義出張所所掌理之阿里山林場各式機客貨車的製造修護，為全台灣輕便鐵道之冠，1920 年之後擁有完全之車輛修造能力，可謂阿里山鐵路 80 多年來營運車輛維護的重要命脈。

北門修理工廠歷史悠久，今日仍然是阿里山森林鐵路最大的維修基地，經歷伐木時期、觀光鼎盛時期，廠區因不同時期而有各式不同風貌。民國 82 年 8 月 23 日，北門修理工廠發生大火，燒掉木造廠房，部分老火車也付諸一炬，現今部分修理工廠，已經更新為 RC 建築，只有車庫遊客中心仍維持木造建築。

今日在北門修理工廠裡面，可以看見真實運行的阿里山火車，也可以見到各式停用的老火車。昔日裕仁皇太子的花車、羅東林鐵的客車、Shay 蒸汽機車，營運中的阿里山號客車，都是露天展示，少數較珍貴的車輛，則停放在車庫裡保存。2006 年 12 月啟用的林產工藝品展示館，則像是另一座木造車站。為了讓民眾可以參觀這個饒富歷史意義的所在地，2005 年起改名為嘉義車庫園區。

嘉義車庫園區，古老車輛與特色古蹟繁多，真的可稱為「阿里山火車博物館」。因為它位於阿里山鐵路嘉義站到北門站之間，這也正是旅客從嘉義站上車，才能享受的獨特饗宴，因為若是從北門站上車，就看不到這些了。由於該園區主管機關是林務局，所以歸類為第三類鐵路事業體附屬鐵道博物館。建議林鐵處，未來朝向「阿里山鐵道博物館」的方向規畫，以典藏阿里山鐵路悠久的歷史記憶。

❶ 車庫園區旅客服務中心，像是一座木造車站。
❷ 阿里山鐵路 18 噸級 Shay 蒸汽機車 13 號，與德國 O&K 柴油機車。
❸ 筆者捐贈給林鐵處的登山鐵路之字形與螺旋線模型，曾經在北門車庫園區的動力室展示，如今已經移至車庫遊客服務中心。

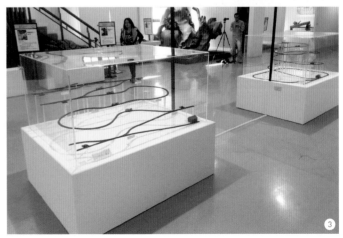

TAKAO RAILWAY MUSEUM

高雄
打狗鐵道故事館

火車軌距	1067mm
啟用年分	2007 年
分類屬性	第四類 保存鐵道組織 鐵道文化協會

④ 蒸汽機車與高雄輕軌，火車不同的軌距，相隔百年的世紀邂逅。

　　高雄打狗鐵道故事館，其取名源自於舊地名打狗驛，而打狗驛是台灣南部最古老的火車站，1900 年 11 月 29 日打狗到台南站通車啟用，「打狗」停車場開始營運。1908 年台灣鐵路縱貫線全通，就是從基隆驛到打狗驛，1920 年改稱高雄驛，1941 年大港庄的新站啟用，也就是現在高雄站的位置，再改稱高雄港驛。

　　二戰結束之後，隨著高雄臨港線的發展，高雄港驛改稱高雄港站，屬於高雄港線的一部分。然而 2008 年 11 月 9 日，高雄港最後一班車開出，高雄臨港線的營運就結束了，打狗驛成了閒置空間。為了珍惜打狗驛的百年歷史，在當時中華民國鐵道文化協會嚴裕欽先生的努力之下，2010 年 10 月 24 日，打狗鐵道故事館在此地開館，由中華民國鐵道文化協會委辦經營。後來並將 CT259 蒸汽機車、DT609 蒸汽機車搬到了現址，並且保存最後一座北號誌樓。

❶ 高雄打狗鐵道故事館的入口意象,從英文招牌就可以看出這是個博物館。

❷ 目前保存的北號誌樓,內部設施還可以簡單運作。

　　高雄打狗鐵道故事館,創下了台灣鐵道史的首例,鐵道博物館由民間團體經營,第四類保存鐵道組織經營,這是很值得肯定的事。這個博物館因為沿用過去高雄港站的軌道,所以可以有足夠的空間,容納各式火車,其名單如下:

蒸汽機車	CT259 蒸汽機車	1938 年由三菱重工製造。
	DT609 蒸汽機車	汽車製造株式會社製造。
調度機車	DL-1043 貨車移動機	過去為台鐵站內調度與貨車移動之主力,並為台鐵數量最多的調動機,2016 年 DL-2500 型調動機引進後已逐步遭到淘汰。
	台電 L-02 調動機	1980 年由日立製造,原屬中油所有,後轉售予台電林口電廠使用至 2012 年底林口線停駛為止。
	台電 L-03 調動機	1985 年由台電向德國 SCHOMA 購入,為全台少見的關節式機關車,原先於林口電廠使用,後移至龍井煤場使用。
客車、貨車	SP32426 對號快車車廂	1966 年由日本川崎車輛製造,共 30 輛,其特徵為內部採用翻背椅的設計。
	3CK2109 篷守車	1982 年由唐榮鐵工廠製造,共有 26 輛,為台鐵守車中車齡最輕者。
	15EC8074 搶修用車	原車號 15C8074,1960～1967 年時由台北機廠製造,此車曾做為高雄港機務分駐所搶修車使用。
	25C10008 代用行李車	1939 年時,為了運送二戰時的人員物資而向日本購入的大型篷車,曾作為代用行李車、代用客車、傷兵車、衛生車使用。
	P35BH22019 自備煤斗車	1996 年由台電委由台灣機械公司製造,共 83 輛,用來運送林口電廠所需之煤炭,並使用至 2012 年林口線停駛為止。
	35G20060 敞車	1969 年由日本若松車輛購入,共有 145 輛,為台鐵大型敞車的代表車型之一。
	15EF19 平車	原車號 15F19,1912 年製造,為目前台鐵現存貨車中,車齡最大者。
	35F20106 平車	1974～1975 年間由唐榮鐵工廠製造,共有 180 輛,為台鐵平車總數量最多者。

③ 昔日的莒光號 PBK 電源行李車，與 SPK 藍色對號快車車廂。
④ 台灣僅存兩部的蒸汽機車 CT250 型，其中一部 CT259。

高雄打狗鐵道故事館有著先天優勢，就是交通便利！隨著高雄捷運通車，西子灣站就在該館的門口，讓旅客很容易搭乘大眾運輸工具來到這裡。後來高雄輕軌通車，哈瑪星站就在本館的軌道區，高雄輕軌電車 LRT 軌距是 1435mm，台鐵蒸汽機車軌距是 1067mm，不同的火車軌距，相隔百年之後，在此地、此世紀邂逅，新舊交替成為最大的亮點。2017 年 10 月 1 日起，本館改稱舊打狗驛故事館，經營權交給高雄市立歷史博物館。

高雄 哈瑪星台灣鐵道館

火車軌距	16.5mm HO
啟用年分	2016 年 6 月 30 日
分類屬性	第二類 國立高雄市立歷史博物館 委派經營

①

　　在世界各國，單純就鐵道模型這一項，就可以成為一間鐵道博物館嗎？這個答案是肯定的。因為鐵道模型本身有著非常高的技術性，精緻度也很高，整體的科學含金量很高，可以準確還原鐵道的歷史。因此，舉世聞名者，如德國微縮景觀世界鐵道博物館、日本橫濱的原鐵道博物館，都是世界知名的鐵道模型博物館。在此概念下，台灣也出現了這樣一座鐵道博物館，就是哈瑪星台灣鐵道館！

　　哈瑪星台灣鐵道館是位於高雄市鼓山區駁二藝術特區內的鐵道博物館。2011 年 5 月至 9 月，高雄歷史博物館以特展的方式，展出高雄臨港線的 N gauge 立體鐵道模型，比例為 1：150，頗受好評。2014 年，高雄市政府文化局和高雄市立歷史博物館合作，在高雄駁二藝術特區的廢棄蓬萊 B7、B8 倉庫，籌建哈瑪星台灣鐵道館。這個模式與德國微縮景觀世界使用漢堡的倉庫一樣，展出全台灣鐵路的 HO gauge 立體鐵道模型，比例為 1：80，透過鐵道模型的展示，呈現台灣鐵路的歷史。這個改變是歷史性的一頁，高雄歷史博物館，規畫鐵道博物館的展出，從特展的策展，

① 高雄哈瑪星台灣鐵道館的入口意象，以機械部件為主題，十分有藝術氣息。

② 牆上的台鐵火車圖鑑，標示車不同年代的台鐵火車種類，一覽無遺。

③ 全台灣最大的 HO 規鐵道模型，整個台灣鐵道的路網，在此一覽無遺。

走向固定的常設展；規畫鐵道博物館的模型，從 N 規變成 HO 規；這是一個劃時代的進步。

　　2016 年 6 月 30 日，哈瑪星台灣鐵道館正式開展，主要以台灣的鐵道歷史為主軸，也是全台唯一以鐵道模型為主題的博物館。其入口意象，以機械部件為主題，頗有藝術氣息。牆上的台鐵火車圖鑑，標示不同年代的台鐵火車種類，一覽無遺。展出亞洲全台灣最大的 HO 規鐵道模型，涵蓋整個台灣鐵道的路網，令人驚呼連連。目前該博物館的產權是屬於高雄市政府文化局，由高雄市立歷史博物館負責管理及營運，故歸納在第二類，交通歷史博物館附設鐵道博物館。

❶ 高雄港站與扇形車庫的模型，上面還有飛機，製作得栩栩如生。

❷ 高雄哈瑪星台灣鐵道館，是以舊倉庫改造的展示空間。

宜蘭 羅東
林業文化園區

火車軌距	762mm
啟用年分	2004 年
分類屬性	第三類 鐵路事業體 附屬鐵道博物館 林務局

❸ 復刻重建的竹林木造車站，讓園區顯得古意盎然。

阿里山森林鐵路、太平山森林鐵路、八仙山森林鐵路，是台灣的日治時期官營體系的三大林場鐵路。如今只剩阿里山森林鐵路還在正常營運，太平山森林鐵路已經停駛，目前只剩山上的茂興線，作為蹦蹦車鐵道。不過，作為鐵道博物館的文化資源，兩者並無偏廢，阿里山森林鐵路，留下嘉義北門車庫園區，太平山森林鐵路，則有羅東林業文化園區。一西一東，都是台灣林業鐵路，重要的地方博物館資源。

太平山林業開發始於 1914 年，羅東森林鐵路屬於太平山森林鐵路的平地段，1924 年 1 月 27 日，從竹林至土場通車，不過僅限於貨運，1926 年 5 月 18 日起除了貨運也兼營客運。全長約 36.4 公里，1924 年通車，通車時全線共有 10 座車站，7 座隧道，138 座橋梁，堪稱是台灣第二大規模的森林鐵路。至於竹林至羅東火車站的聯絡線，猶如北門至嘉義火車站，直到 1970 年完成，以為便利客運轉乘，同時也將中

華號快車的服務，從竹林延伸至羅東站。

　　羅東森林鐵路從土場至天送埤之間沿溪而建，架橋 20 座，極易受洪水衝擊而發生中斷。天送埤車站現存轉車盤一具，水塔一座，除了做為路線中點整備之外，此路段中斷時還能做為終點站，維持天送埤至羅東之間的客運。然而在 1978 年，遇上了黛拉颱風的襲擊，天送埤以後至土場的路段，受損嚴重修復困難而放棄，只保留天送埤至羅東之間的客運。可惜後來又不敵公路運輸，客源減少的情況之下宣布停駛，1979 年 8 月 1 日結束營運，共歷時 55 年的歲月。

　　1982 年林業政策轉型，太平山伐木終止，2001 年間羅東鎮都市計畫第三次通盤檢討，將羅東林場畫定為「林業文化專用區」。2004 年林務局規畫為「羅東林業文化園區」，重現太平山林業及羅東鎮發展

① 戶外的園區有蒸汽機車與客車，民眾可以在此地喝咖啡與散步。
② 復刻重建的竹林木造車站，讓園區顯得古意盎然。

3

❸ 室內館有修復好的蒸汽機車,與相關歷史文物展示。
❹ 羅東林鐵的 8 號蒸汽機車,搭配運木材的貨車,展示於儲木池畔。

❹

的林業歷史,文化部陸續將辦公廳、處長宿舍、勞工俱樂部、舊檢車庫、職員宿舍、碉堡與貯木池之歷史建築,登錄為文化資產。2009 年正式開放一般大眾參觀,並於 2013 年將整個園區登錄為文化景觀區。

目前羅東林業文化園區的入口,以木造的天車為意象,十分有藝術氣息。復刻重建的竹林木造車站,讓園區顯得古意盎然,戶外的園區有蒸汽機車與客車,民眾可以在此地喝咖啡與散步。至於室內館,有修復好的蒸汽機車,與相關歷史文物展示。不過,相較於嘉義北門車庫園區,羅東林業文化園區就是少了可以真實運行的火車。2014 年,筆者的義務奉獻規畫,計畫整修園區內的 300 公尺長的 762mm 軌距鐵道,讓羅東森林鐵路蒸汽火車可以復活,在園區內短程行駛,可惜後來無法實現。羅東林業文化園區因為主管機關是林務局,所以歸類為第三類鐵路事業體附屬鐵道博物館。

花蓮 鐵道文化園區

火車軌距	762mm
啟用年分	2002 年
分類屬性	第四類 地方鐵道博物館

❶ 花蓮鐵道文化園區，其主體是東線鐵道出張所的歷史建築所集合而成。

❷ 花蓮鐵道文化園區一館，該歷史建築裡面，陳列有許多鐵道歷史文物。

1910 年，隨著東線鐵路的第一階段工程，762 mm 軌距的東線鐵路，從花蓮到玉里正式開工，台灣總督府鐵道部，開始在花蓮北濱一帶著手設立（舊）花蓮火車站，並設有出張所、警務段、工務段等機構。這段 762 mm 軌距的東線鐵路歷史，陪伴花蓮人走過一段很長的歷史記憶，也繁榮花蓮北濱這裡的社區發展。1982 年 6 月，隨著花東線鐵路從 762 mm 拓寬成 1067mm 軌距，東線鐵路成為歷史。1988 年起，台鐵花蓮車站遷移至新址，花蓮新站的啟用，從此舊站這些建築設施，皆因此失去功能，花蓮鐵道的地景記憶，開始有了很大的改變。

2002 年，行政院文化建設委員會將舊花蓮車站周圍設施，列為花蓮縣歷史建築，並著手修復，這就是今日花蓮鐵道文化園區的由來。現在花蓮鐵道文化園區，有鐵道部花蓮港出張所園區、舊站噴水池、舊花蓮工務段、舊花蓮警務段、蒸汽火車加水水塔、舊鐵路醫院、舊火車站機工房、處長宿舍及員工宿舍群等建築。同時也將昔日 762 mm 軌距的東線鐵路老火車，移到了這邊保存展示。

目前花蓮鐵道文化園區一館，就是東線鐵道出張所，該歷史建築裡面，陳列有許多鐵道歷史文物。尤其裡面布置了1982年以前花蓮舊火車站與周邊街道的火車模型，透過這個地景模型還原了歷史。而花蓮鐵道文化園區二館，外面陳列東線以前的火車LDT103，與東線停用的臂木式號誌機，這些都是很珍貴的文化資產。這是屬於花蓮文化局所努力的成果，因此歸類為第四類地方鐵道博物館。

❸ 1982年以前的花蓮舊火車站與周邊街道，透過模型還原了歷史。
❹ 花蓮鐵道文化園區二館，1982年以前的東線窄軌火車LDT103，與臂木式號誌機，十分珍貴。

台南 台糖烏樹林車站

火車軌距	762mm
啟用年分	2001 年
分類屬性	第四類 地方鐵道博物館

　　台糖烏樹林糖廠具有相當悠久的歷史，烏樹林糖廠建於 1910 年，曾經是遠近馳名的白糖產地，而轄屬的烏樹林車站，亦曾擔任早期台南縣後壁、白河、東山與新營都會五分車鐵道連結的樞紐，在日治時期曾因生產的糖品質優良且風味獨特而獲得日本皇室採用，有「御用糖」之稱號。

❶ 台糖的烏樹林車站，370 號蒸汽機車，牽引勝利成功兩部客車。

❷ 勝利號與成功號兩部汽油客車，是烏樹林車站的珍寶。

❸ 烏樹林車站的老榕樹下，109 與 111 兩部動力巡道車，都是重要的文化資產。

　　烏樹林鐵道起始於 1944 年 6 月 16 日，開辦的番社（東山）客運線。1946 年 12 月今日烏樹林車站峻工，同年白河客運線開辦，遂成為新營、東山、白河三地重要的輻輳點，古老的木造車站，也一直保存到現在。不過，隨著台灣鄉鎮道路的發達，台糖小火車的客運逐漸沒落，1979 年 9 月廢止客運業務，徒留古老的車站，發思古之幽情，成為電視劇《鋤頭博士》的劇場所在地，鐵路運輸隨之沒落。2001 年在曾吉賢先生的努力推動之下，讓烏樹林車站成功轉型觀光，370 號蒸汽火車以燃燒重油的方式復活，成為台糖第一個以文化資產鐵道重生的案例。

　　今日在這裡，除了烏樹林古老的木造車站之外，還有台糖最完整的車輛博物館，可以看到台糖最稀有的金馬號機車，以及最怪異的順風牌機車，牽引阿里

山鐵路的紅色客車，見證「糖林聯運」的鐵道歷史。今日烏樹林糖廠有三寶，包含古蹟木造車站、370號蒸汽機車、勝利號汽油客車，尤其是蒸汽機車與汽油客車，皆為動態保存，十分難能可貴。2011年烏樹林 SL370 號蒸汽機車，結合勝利號與成功號客車復駛啟航，增添不少話題。2014 年台灣糖業鐵道文化博物館啟用，有靜態模型的展示，也有動態模型的展演，成為第一個收費的糖業鐵道博物館。

❶ 烏樹林車站附設的鐵道博物館，展示台糖相關的蒸汽火車資訊。
❷ 烏樹林車站附設的鐵道博物館，裡面的烏樹林車站與台糖小火車模型。

③

TOURISM TRAIN AT XIHU SUGAR FACTORY

彰化 台糖溪湖 糖廠與車站

火車軌距	1067mm、762mm
啟用年分	2003 年
分類屬性	第四類 地方鐵道博物館

③ 台糖溪湖糖廠的 346 號蒸汽機車,可以動態運行。

溪湖糖業鐵道文化園區,是台糖保存完好的工業遺產園區,除了糖廠本身,在當前台灣各大糖廠的柴油機車幾乎都是德馬牌的天下,溪湖糖廠園區則以「日立牌」柴油機車特別多,包含 762mm 和 1067mm 軌距兩種,幾乎可以稱為「日立牌」柴油機車的博物館。

溪湖糖廠每年有不同活動,顏色與款式相當多元,其中以「花博會版」與「乳牛號版」最為有名,2003 年 7 月 19 日由 801 號機車變裝,快樂乳牛號觀光列車上路吸引許多人的目光。今日溪湖糖廠雖然已經不再製糖,卻保有糖廠完整的工業遺址,很有系統地保存許多台糖車輛,儼然成為台灣中部的糖業鐵道博物館。

2007 年,繼烏樹林的 370 號蒸汽機車復活之後,溪湖糖廠 346 號蒸汽機車,在黃文鎮等人的努力之下,被送至新營糖廠整修運行機構,並送入新營市新聯興鐵木工廠更新鍋爐。2007 年 12 月 9 日,溪湖糖

廠配合台灣蔗糖鐵道文化節，346 號正式復活啟用。346 號營運路線從溪湖糖廠到濁水站，古老的制服，鐵道員熟練的姿勢，一樣的煤煙滋味，讓歷史重現，掀起一波糖鐵的觀光熱潮。這個改變是歷史性的重要一步，也影響了下一部 SL650 的復駛。2008 年 11 月開業的「台糖小火車蒸情博物館」讓許多蒸汽機車匯集於此。而昔日被拆換下來 SL346 的鍋爐，就放在溪湖的蒸汽火車蒸情博物館裡面。

今日溪湖糖廠有三寶：溪湖木造車站、346 號蒸汽機車、524 號汽油客車。昔日的溪湖木造車站，在員林線停用之後被保留下來，2016 年原址重新修復，如今呈現全新的面貌。搭配 2017 年復駛的 524 號 Railcar 汽油客車，與 SL346 蒸汽機車的常態營運，成為台灣中部糖業鐵道文化保存鐵道的新亮點。因為是由台糖公司所經營，台糖並非交通事業單位，故屬於第四類地方鐵道博物館。

由以上的案例可知，設置鐵道博物館一定是台鐵的事嗎？其實不然，糖鐵及林鐵甚或地方政府都可以籌設，而且只要有內容，地方及門面永遠不嫌小。台灣有許多地方其實可以利用舊有建築土地，如橋頭糖廠、新營糖廠、旗山車站、蒜頭車站，成立地方鐵道的博物館。在日本，小型鐵道文物保存場所，不下數十餘處，因此台灣各地糖廠，當然都可以發展地方鐵道博物館，有無限的潛力與發展可能，您認為呢？

❶ 台糖 1067mm 軌距，大型日立牌柴油機車，是十分稀有的車種。
❷ 重新整修完成的溪湖糖廠木造車站。
❸ 台糖溪湖糖廠的 524 號汽油客車。
❹ 溪湖糖廠蒸情博物館的裡面，保存三款不同的蒸汽機車。

世界鐵道大探索 03

世界的鐵道博物館：
歐美亞澳 68 座鐵道博物館全紀錄
及台灣 12 個潛力點

作者 蘇昭旭

社　　　長	陳蕙慧
副 總 編 輯	陳怡璇
特 約 主 編	胡儀芬
協 力 編 輯	劉子韻
美 術 設 計	Dot SRT 蔡尚儒
行 銷 企 畫	陳雅雯、余一霞

讀書共和國 集 團 社 長	郭重興
發 行 人 兼 出 版 總 監	曾大福
出　　　版	木馬文化事業股份有限公司
發　　　行	遠足文化事業股份有限公司
地　　　址	231 新北市新店區民權路 108-4 號 8 樓
電　　　話	02-2218-1417
傳　　　真	02-8667-1065
E　m　a　i　l	service@bookrep.com.tw
郵 撥 帳 號	19588272 木馬文化事業股份有限公司
客 服 專 線	0800-2210-29
印　　　刷	呈靖彩藝有限公司

2022（民 111）年 11 月初版一刷　定價 650 元

ISBN 978-626-314-302-9
ISBN 978-626-314-319-7 (PDF)
ISBN 978-626-314-320-3 (EPUB)

有著作權・翻印必究
特別聲明
有關本書中的言論內容，不代表本公司／出版集團之立場與意見，文責由作者自行承擔。

世界的鐵道博物館：歐美亞澳 68 座鐵道博物館全紀錄及台灣 12 個潛力點 ＝ Railway museum
worldwide ／蘇昭旭著．初版．新北市：木馬文化事業股份有限公司出版：遠足文化事業股份
有限公司發行，民 111.06 。面；公分。──（世界鐵道大探索；3）
ISBN 978-626-314-302-9(平裝)

1.CST: 鐵路史 2.CST: 火車 3.CST: 火車 4.CST: 博物館

557.26　　　　　　　　　　　　　　　　　　　　　　111015748